4차 개정판

어린이
훈민정음

3-1

기초 문법

띄어쓰기

발음

맞춤법

4차 개정판 어린이 훈민정음

독서	읽은 책을 소개해요 ··	5

책 · 무슨 낱말일까요? · 낱말 뜻풀이

1과	생생하게 표현해요(1) ······································	8

감각 · 생각을 전달하는 방법 · 흉내 내는 말 · 꽃 · 산 · 점심시간 · 어디일까요? · 비슷한말

2과	생생하게 표현해요(2) ······································	17

시 · 웃음 · 같은 소리, 다른 뜻 · 무슨 낱말일까요? · 바르게 읽어요 · 바르게 쓰기 · 원고지 쓰기

3과	분명하고 유창하게(1) ······································	26

누구일까요? · 언제일까요? · 문장 · 띄어 읽기 · 단오 · 꾸며 주는 말 · 십자말풀이

4과	분명하고 유창하게(2) ······································	35

발표 · 무슨 낱말일까요? · '안'과 '않' · 바르게 쓰기 · 낱말 뜻풀이
외국에서 들어와 쓰이는 말 · 따옴표 · 원고지 쓰기

5과	짜임새 있는 글, 재미와 감동이 있는 글(1) ·············	44

축구 · 문장과 문단 · 무슨 낱말일까요? · 복수 표준어 · 바르게 읽어요 · −회 · 비슷한말 · 바르게 쓰기

6과	짜임새 있는 글, 재미와 감동이 있는 글(2) ·············	53

바느질에 쓰이는 물건 · 일 · 외국에서 들어와 쓰이는 말 · 사이시옷 · 웃음 · 반대말
꾸며 주는 말 · 동작을 나타내는 말 · 원고지 쓰기

매체	서로 배려하며 소통해요 ··································	62

매체 · 여러 나라의 음식 · 저작권을 보호하는 방법 · 무슨 낱말일까요?

7과 중요한 내용을 찾아요(1) 66
우리나라의 기념일 · 흉내 내는 말 · 무슨 낱말일까요? · 양념 · '중개'와 '중계' · 비슷한말
바르게 쓰기 · 십자말풀이

8과 중요한 내용을 찾아요(2) 75
그림 보고 낱말 맞히기 · 무슨 뜻일까요? 바꾸어 쓰기 · 무슨 낱말일까요? · 같은 소리, 다른 뜻
낱말 뜻풀이 · 원고지 쓰기

9과 인물에게 마음을 전해요(1) 84
열매 · 꾸며 주는 말 · 무슨 낱말일까요? · 외국에서 들어와 쓰이는 말 · 인물의 성격을 파악해요
성격을 나타내는 말 · 반대말 · 바르게 쓰기

10과 인물에게 마음을 전해요(2) 93
그림 보고 낱말 맞히기 · 다의어 · 높임 표현을 사용하는 네 가지 방법 · 편지글과 높임말
동작을 나타내는 말 · 낱말 뜻풀이 · 원고지 쓰기

11과 자신 있게 읽고 써요(1) 102
동물 · 흉내 내는 말 · 무슨 낱말일까요? · 준말 · 비슷한말, 반대말 · 무슨 뜻일까요?
바꾸어 쓰기 · 십자말풀이

12과 자신 있게 읽고 써요(2) 112
수를 세는 말 · 끝말잇기 · -감 · 낱말 뜻풀이 · 외국에서 들어와 쓰이는 말 · 토박이말
꾸며 주는 말 · 바르게 쓰기 · 원고지 쓰기

부록 · 정답과 해설

" 말이 오르면 나라도 오르고,
　말이 내리면 나라도 내리나니라.

　문명 강대국은 모두
　자국의 문자를 사용한다. "

— 주시경

독서   읽은 책을 소개해요

1 책

 다음 그림과 설명을 보고 책의 각 부분 이름을 쓰세요.

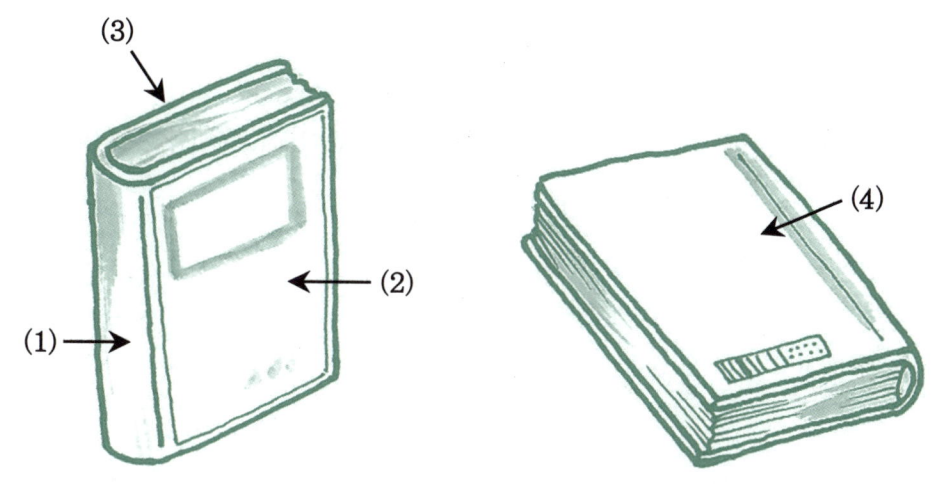

(1) 책을 만들기 위해 종이를 모아 붙인 쪽의 겉으로 드러난 부분.

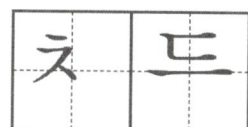

(2) 책의 맨 앞 겉장.

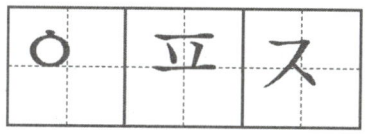

(3) 책의 윗부분.

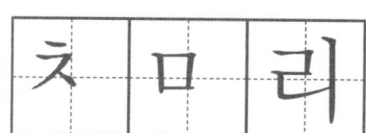

(4) 책의 맨 뒤 겉장.

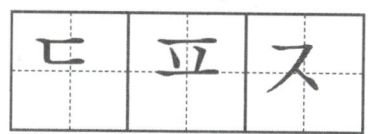

2 무슨 낱말일까요?

빈칸에 알맞은 낱말을 넣어 문장을 완성하세요.

(1) 홍민이는 밝은 표정으로 승리 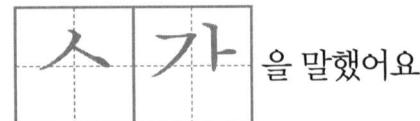 을 말했어요.

   * 어떤 일에 대하여 느끼고 생각한 것.

(2) 할머니는 음식 맛의  을 누구에게도 알려 주지 않으셨어요.

   * 세상에 알려지지 않은, 자기만의 뛰어난 방법.

(3) 정민이는 읽을 책을 도서  에서 찾아보았어요.

   * 자료를 찾을 수 있도록 컴퓨터 등을 설치하여 만든 시설.

(4) 혜리는 현우가 상 받는 모습을 보면서 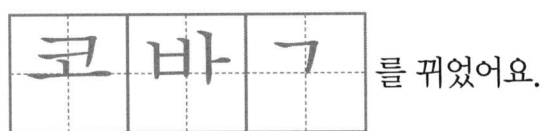 를 뀌었어요.

   * 기분이 상하거나 마음에 들지 않아, 코로 나오는 숨을 막았다가 갑자기 터뜨리면서 불어 내는 소리.

(5) 할아버지는 결혼식 날 할머니께 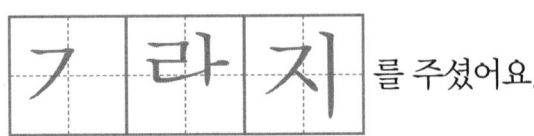 를 주셨어요.

   * 주로 여자가 장식으로 손가락에 끼는, 두 짝으로 된 고리.

3 낱말 뜻풀이

✏️ **빈칸에 알맞은 말을 넣어서 밑줄 친 낱말의 뜻을 풀이하세요.**

(1) 영감님은 왜 <u>허구한</u> 날 웃고 계십니까?

* 허구한: ☐☐댄 기간에 걸쳐 매일 같은.

(2) 흥부네 식구들은 입에 <u>풀칠</u>을 하기도 어려웠어요.

* 풀칠: ㅂ 만 겨우 먹고 살아가는 일.

(3) <u>사공</u>이 없어 강을 건너갈 수가 없구나.

* 사공: ㅂ 를 움직이는 일을 직업으로 하는 사람.

(4) 어머니는 할머니께서 남기신 반지를 <u>고이</u> 간직하셨어요.

* 고이: 저 서 을 다하여.

(5) 돌쇠는 <u>곁눈질</u>로 흘끔흘끔 양반의 눈치를 살폈어요.

* 곁눈질: 얼굴은 돌리지 않고 눈알만 ㅇ 으로 굴려서 보는 일.

제 1 과 생생하게 표현해요(1)

1 감각

 그림을 보고 문장에 어울리는 낱말을 빈칸에 쓰세요.

(1)    물체를 보는 감각을  이라고 해요.

(2)    냄새를 맡는 감각을 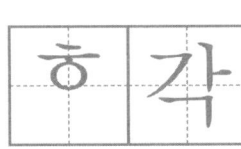 이라고 해요.

(3)    맛을 느끼는 감각을 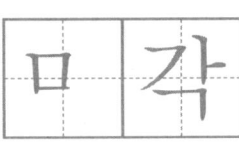 이라고 해요.

(4)    소리를 듣는 감각을  이라고 해요.

(5) 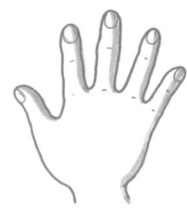   피부에 닿는 것을 느끼는 감각을 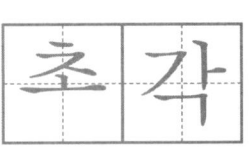 이라고 해요.

2 생각을 전달하는 방법

 다음은 생각을 전달하는 방법입니다. 빈칸에 알맞은 낱말을 쓰세요.

(1) 분위기에 알맞은 ㅁ ㅅ 로 말해요.

    * 사람의 목구멍을 통해서 나오는 소리.

(2) 같은 말이라도 마 ㅌ 를 달리하면 전혀 다른 뜻으로 들려요.

    * 말을 하는 버릇이나 특성.

(3) 상황에 따라 말의 ㅅ ㄷ 를 다르게 해요.

    * 물체가 나아가거나 일이 진행되는 빠르기.

(4) 알맞은 ㅍ ㅈ 을 지으면 생각을 잘 전달할 수 있어요.

    * 마음속의 상태와 감정이 얼굴에 드러나는 모습.

(5) ㅁ ㅈ 을 이용해 생각을 효과적으로 전해요.

    * 몸을 움직이는 모양.

3 흉내 내는 말

✏️ 흉내 내는 말을 빈칸에 알맞게 넣어 문장을 완성하세요.

(1) 벌 한 마리가 꽃 주위를 [   ] 날아요.

* 벌 같은 곤충이 날 때 잇따라 나는 소리.

(2) 제주도에는 작은 산들이 [   ] 솟아 있어요.

* 군데군데 여러 곳이 다 볼록하게 나오거나 조금 높이 솟아 있는 모양.

(3) 아기가 구름을 잡겠다며 [   ] 뛰었어요.

* 작은 것이 자꾸 세차고 가볍게 뛰어오르는 모양.

(4) 사자 울음소리를 들으니 [   ] 가슴이 뛰어요.

* 몹시 놀라거나 불안하여 자꾸 가슴이 뛰는 소리나 모양.

두근두근   봉긋봉긋

부웅부웅   폴짝폴짝

쉬엄쉬엄	빙글빙글	
사뿐사뿐	상글방글	올망졸망

(5) 아이들이 놀이터에서 ☐☐☐☐ 앉아 놀고 있어요.

* 작고 귀여운 아이들이 많이 있는 모양.

(6) 지구는 태양 주위를 ☐☐☐☐ 돌아요.

* 큰 물체가 계속 미끄럽고 크게 도는 모양.

(7) 민지는 승주와 ☐☐☐☐ 산을 올랐어요.

* 쉬어 가며 천천히 길을 가거나 일을 하는 모양.

(8) 아기의 낮잠을 깨우지 않으려고 ☐☐☐☐ 걸었어요.

* 소리가 나지 않을 정도로 잇따라 가볍게 발을 내디디며 걷는 모양.

(9) 친구들은 제 이야기를 들으며 ☐☐☐☐ 웃었어요.

* 눈과 입을 귀엽게 움직이며 소리 없이 정답고 환하게 웃는 모양.

4 꽃

✏️ 다음 설명을 읽고 꽃과 관계있는 낱말을 빈칸에 쓰세요.

(1) 꿀벌이 꽃에서 빨아들여 모아 두는, 달콤하고 끈끈한 액체.

(2) 꽃, 향수 등에서 나는 좋은 냄새.

(3) 꽃을 심어 키우는 그릇.

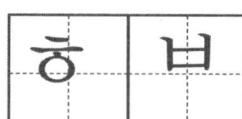

(4) 꽃을 한데 모아 만든 묶음.

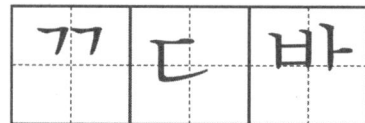

(5) 가지 위의 꽃 전체를 이르는 말.

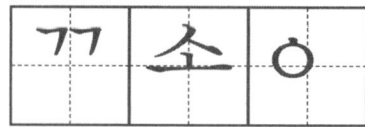

(6) 아직 피지는 않고, 작고 동글게 맺혀만 있는 꽃.

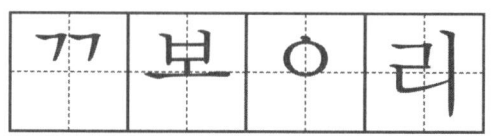

5 산

 다음 설명을 읽고 '산'으로 시작하는 낱말을 쓰세요.

(1) 나무꾼이 깊은 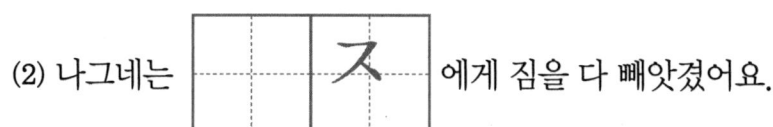 에서 길을 잃었어요.

  * 산의 안. ㉑ 산중

(2) 나그네는 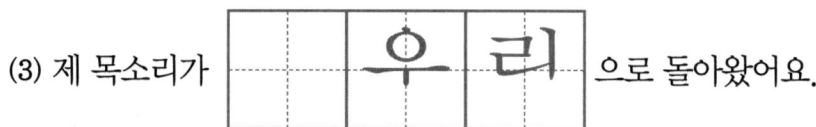 에게 짐을 다 빼앗겼어요.

  * 산에서 살면서 남의 물건을 빼앗는 도둑.

(3) 제 목소리가  으로 돌아왔어요.

  * 울려 퍼지던 소리가 산이나 절벽 등에 부딪쳐 되울려오는 소리. ㉑ 메아리

(4)  에서 시냇물이 졸졸 흘러요.

  * 산과 산 사이의 움푹 들어간 곳.

(5)  에서 내려다보니 마을이 한눈에 들어와요.

  * 산의 맨 위.

6 점심시간

 다음 글 속 빈칸에 어울리는 낱말을 알맞게 쓰세요.

점심시간이 되어, 수현이는 (1) ☐ 을 먹으러 갔어요. 친구들과 줄을 서서 (2) ☐ 대로 밥을 받았어요. 반찬을 보고 수현이는 기분이 좋았어요. 좋아하는 (3) ☐ 이 나왔기 때문이에요. 친구들과 이야기를 나누며 밥을 먹으니 즐거웠어요. 그래서 밥알 한 (4) ☐ 도 남기지 않고 (5) ☐ 을 싹싹 긁어 먹었어요.

(1) 학교나 군대 등에서 주는 식사.

| ㄱ | ㅅ |

(2) 순서에 따라 돌아오는 기회.

| ㅊ | ㄹ |

(3) 사람이 먹을 수 있는 풀이나 나뭇잎 등을 양념과 섞어 만든 음식.

| ㄴ | 무 |

(4) 작은 열매나 곡식의 알을 세는 말.

| 토 |

(5) 밥, 국, 반찬을 담을 수 있도록 오목하게 칸을 나누어 만든 그릇.

| ㅅ | 파 |

7 어디일까요?

✎ 다음 설명을 읽고 빈칸에 알맞은 장소를 쓰세요.

(1) 나무들이 잘 자라 꽉 들어찬 곳.　　　　| ㅅ |

(2) 땅이 오목하게 들어가 물이 고여 있는 곳.　　| ㅎ | ㅅ |

(3) 여러 사람이 쉬거나 산책할 수 있도록 넓게 만든 장소.　　| 고 | 원 |

(4) 오래된 건축물·무덤 등이 있거나, 역사적 사건이 일어났던 장소.　　| ㅇ | 저 | 지 |

(5) 사람들이 물건을 편하게 사도록 오랜 시간 문을 여는 가게.　　| 펴 | ㅇ | 저 |

(6) 사람이 건너다닐 수 있도록 차도 위에 만든 길. 예 건널목　　| ㅎ | 다 | ㅂ | 도 |

8 비슷한말

✏️ **밑줄 친 낱말의 비슷한말을 빈칸에 쓰세요.**

(1) ┌ 선생님께서 방학 동안 해야 할 <u>과제</u>를 알려 주셨어요.
    └ 저는 집에 오자마자 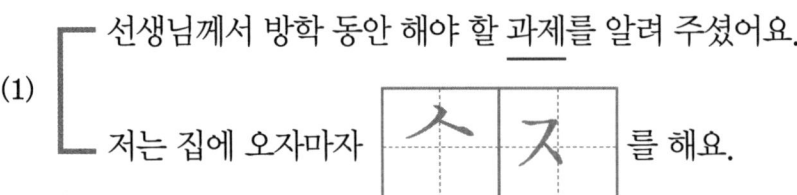 를 해요.

(2) ┌ 괴물은 <u>요술</u>을 부려 호랑이로 변했어요.
    └ 마녀는 공주에게 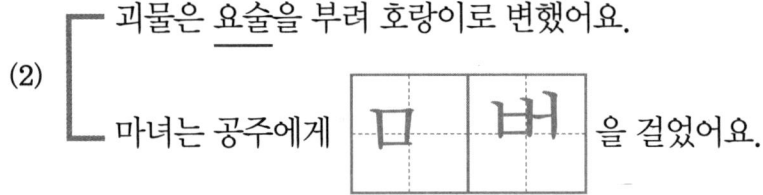 을 걸었어요.

(3) ┌ 열심히 노력한 <u>결과</u>, 저는 우리 반 줄넘기 일등이 되었어요.
    └ 이 금메달은 그동안 흘린 피와 땀의 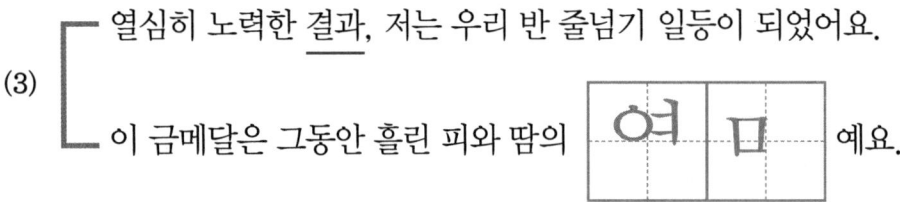 예요.

(4) ┌ 동생은 어머니께 장난감을 사 달라며 <u>떼쓰고</u> 있어요.
    └ 형은 아버지께 자전거를 사 달라며 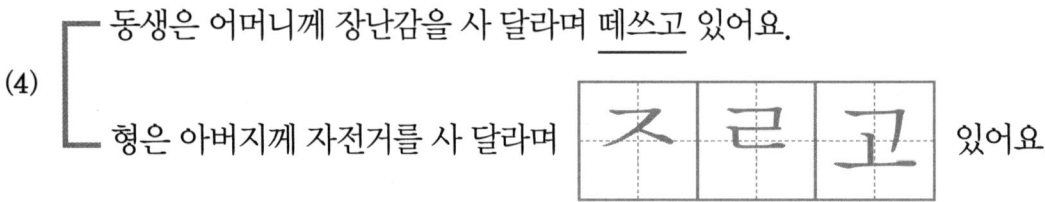 있어요.

(5) ┌ 밤이 되면 거리가 <u>조용해요</u>.
    └ 동물들이 다 떠나서 숲이 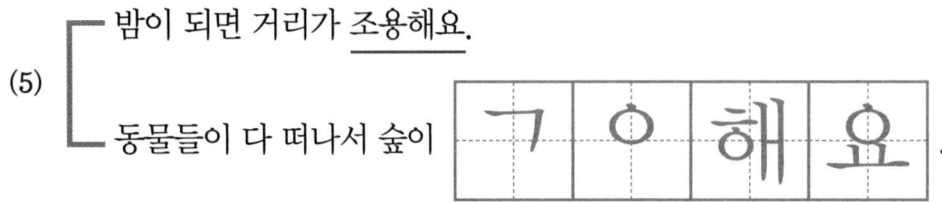.

제 2 과　생생하게 표현해요(2)

1 시

✏️ 다음 설명을 읽고, 시와 관련 있는 낱말을 빈칸에 쓰세요.

(1) 글을 가로나 세로로 늘어놓은 줄.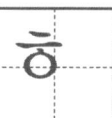

(2) 시에서, 몇 줄을 하나로 묶어서 이르는 말.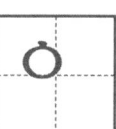

(3) 시에 쓰인 낱말.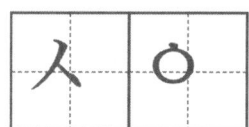

(4) 크게 소리를 내어 글을 읽거나 외움.

(5) 시에서, 내용을 전달하는 사람.　말하는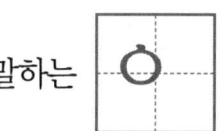

2 웃음

✏️ 다음 설명을 읽고 '웃음'으로 시작하는 낱말을 쓰세요.

(1) 친구들과 이야기하면 언제나  이 피어요.

　＊ 꽃이 피어나듯 환하고 즐겁게 웃는 웃음이나 웃음이 벌어지는 자리를 비유적으로 이르는 말.

(2) 장난을 칠 때면 진영이는 얼굴에  가 번져요.

　＊ 웃다가 아직 없어지지 않은 웃음의 흔적.

(3) 승호가 노래를 하자 교실이 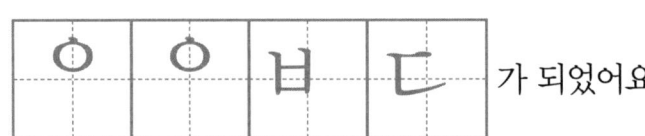 가 되었어요.

　＊ 한데 모인 수많은 사람이 즐겁게 마구 웃어 대는 자리를 비유적으로 이르는 말.

(4) 혹을 두 개나 붙인 영감은 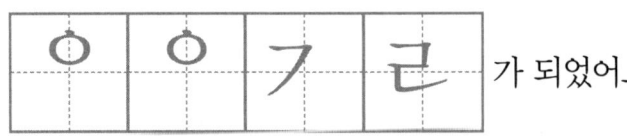 가 되었어요.

　＊ 남에게 비웃음이나 놀림을 받을 만한 사람.

(5) 현수가 말을 하면 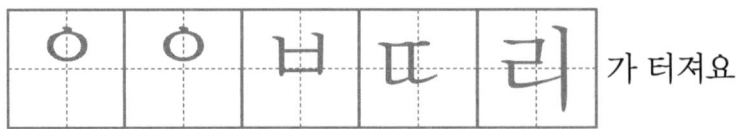 가 터져요.

　＊ 보자기에 웃음이 가득 찬 뭉치라는 뜻으로, 한꺼번에 크게 웃는 일을 이르는 말.

3 같은 소리, 다른 뜻

 글자의 모양과 소리는 같지만 뜻이 다른 낱말이 있습니다. 괄호 안에 공통으로 들어갈 낱말을 빈칸에 쓰세요.

(1) ㅂ
① 의사 선생님은 제 (   )을 정성껏 치료해 주셨어요.
  * 사람이나 동물의 다리 맨 끝부분.
② 할머니는 창틀에 (   )을 걸어 놓으셨어요.
  * 가늘고 긴 대나무나 갈대 등을 줄로 묶어 늘어뜨리는 물건.

(2) ㅂ
① (   ) 한 마리가 꽃 위에 앉아 꿀을 빨아요.
  * 머리에는 꿀을 빨기에 알맞은 입, 배에는 독침이 있는 곤충.
② 도깨비들은 놀부에게 (   )을 주었어요.
  * 잘못하거나 죄를 지은 사람에게 주는 고통.

(3) ㄴ
① (   )에 먼지가 들어가 따가워요.
  * 물체를 보는 감각 기관.
② 우리는 돋보기로 나무의 (   )을 관찰했어요.
  * 새로 막 터져 나오려는 싹.

(4) ㄱㅈ
① (   )이 나서 텔레비전 화면이 안 나와요.
  * 기구나 기계가 제대로 작동하지 못하게 된 상태.
② 우리 (   )은 공기가 맑아서 살기 좋아요.
  * 사람이 많이 사는 지방이나 지역.

4 무슨 낱말일까요?

 빈칸에 알맞은 낱말을 넣어 문장을 완성하세요.

(1) 구름 사이로 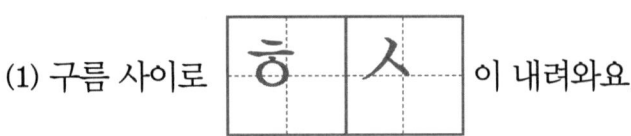 이 내려와요.

  * 해에서 나오는 빛의 줄기. ⓓ 햇빛

(2) 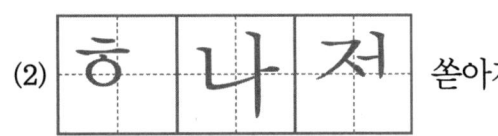 쏟아지던 비가 방금 그쳤어요.

  * 하루의 낮 동안의 반.

(3) 우리 반은 축제 때 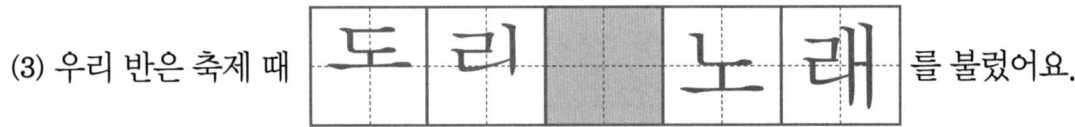 를 불렀어요.

  * 같은 노래를 일정한 간격을 두고, 여러 사람이 차례로 부르는 합창.

(4) 우리 반 친구들의 용돈을 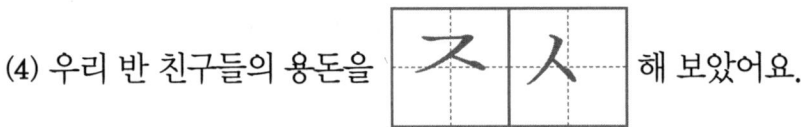 해 보았어요.

  * 무엇을 정확히 알기 위해 자세히 살펴보거나 찾아봄.

(5) 언니는 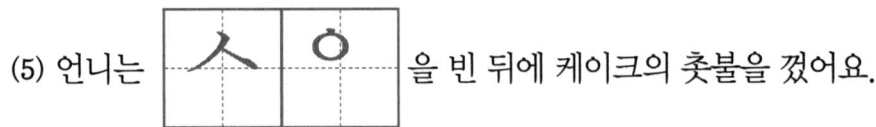 을 빈 뒤에 케이크의 촛불을 껐어요.

  * 어떤 일이 이루어지기를 바라는 일.

(6) 누나는 오늘  치마를 입었어요.

* 세상에 태어난 뒤로 첫 번째.

(7) 소식을 듣자마자 민정이는 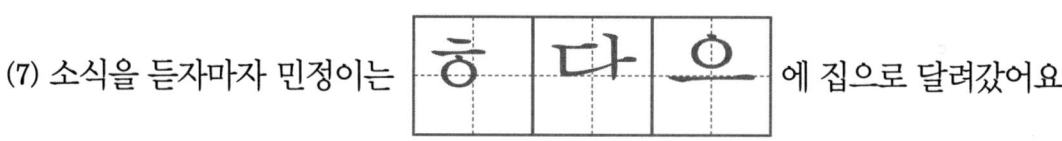 에 집으로 달려갔어요.

* 중간에 쉬지 않고 한 번에 달려감.

(8) 꿈을 이루기 위해서는 노력과 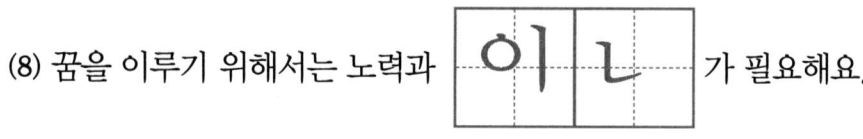 가 필요해요.

* 괴로움이나 어려움을 참고 견딤.

(9) 고모는 아기가 생기기를  기도하셨어요.

* 마음속으로 바라는 정도가 매우 강렬하게.

(10) 제 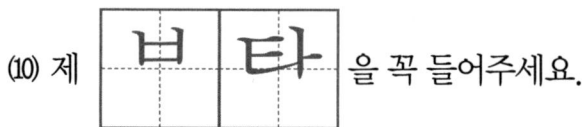 을 꼭 들어주세요.

* 어떤 일을 해 달라고 요청함.

(11) 민아가 자전거를 타다가  을 잃고 쓰러졌어요.

* 어느 한 점을 받쳤을 때 물체가 수평을 이루는 점.

5 바르게 읽어요

받침이 있는 낱말 뒤에 뜻을 가지지 않고 모음으로 시작하는 말이 오면, 받침을 뒷말의 모음 앞으로 넘겨 발음합니다.
예) 구름이 [구르미], 먹어 [머거]

✏️ 다음 문장 속 밑줄 친 부분을 [ ] 안에 소리 나는 대로 쓰세요.

(1) 하루에 책을 한 권씩 읽어요. [   ]

(2) 오늘은 어제보다 기온이 낮아요. [   ]

(3) 아주머니께서 머리를 예쁘게 깎아 주셨어요. [   ]

(4) 들판에 꽃이 잔뜩 피어 있어요. [   ]

(5) 아버지는 부엌에서 음식을 만드세요. [   ]

(6) 넘어져서 무릎이 아파요. [   ]

받침이 있는 낱말 뒤에 '안', '위'처럼 뜻을 가지고 모음 'ㅏ, ㅓ, ㅗ, ㅜ, ㅟ'로 시작하는 낱말이 오면, 받침을 대표 소리로 바꾼 뒤 뒷말의 모음 앞으로 넘겨 발음합니다.

받침		대표 소리
ㄱ, ㅋ	→	ㄱ
ㄷ, ㅅ, ㅈ, ㅊ, ㅌ, ㅎ	→	ㄷ
ㅂ, ㅍ	→	ㅂ

예) 웃어른 [우더른], 늪 위 [느뷔]

다음 문장 속 밑줄 친 부분을 [ ] 안에 소리 나는 대로 쓰세요.

(7) 부엌 안에 요리 재료가 많이 있어요. [   ]

(8) 이모의 첫아이는 아들이에요. [   ]

(9) 나비가 꽃 위에 앉아 있어요. [   ]

(10) 밭 위로 두루미가 날아왔어요. [   ]

(11) 무릎 위에 손을 올려요. [   ]

6 바르게 쓰기

밑줄 친 낱말을 바르게 고쳐 쓰세요.

(1) 정은아, 제 누구야?

(2) 이 냄새 한번 맏아 봐.

(3) 지민이는 연필을 책상 위에 언져 놓았어요.

(4) 아까 네가 승재에게 건낸 물건이 뭐야?

(5) 저는 강아지만 보면 웃게 되요.

(6) 누나는 할머니께 조심스래 말을 걸었어요.

7 원고지 쓰기

 다음 문장을 괄호 안의 횟수만큼 띄워서 원고지에 옮겨 쓰세요.

(1) 물에젖으면사라질테니조심하렴.(4)

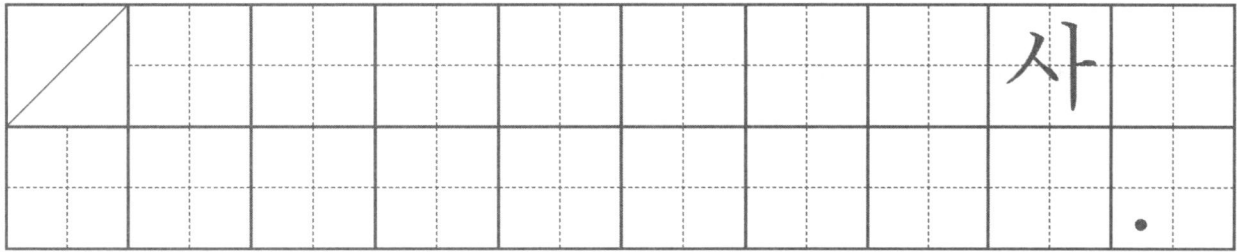

(2) 말할때에는듣는친구의마음도생각해야돼.(6)

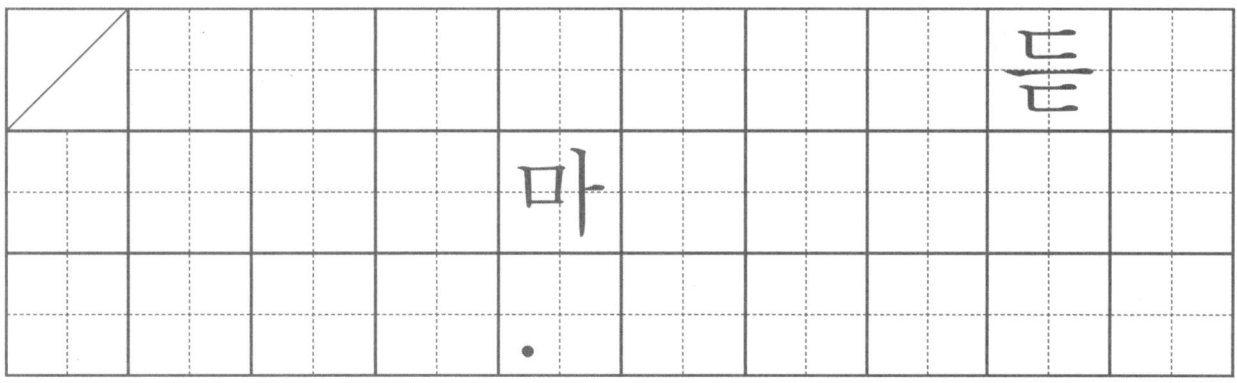

(3) 성은이는울듯말듯한표정으로나를바라보았어.(7)

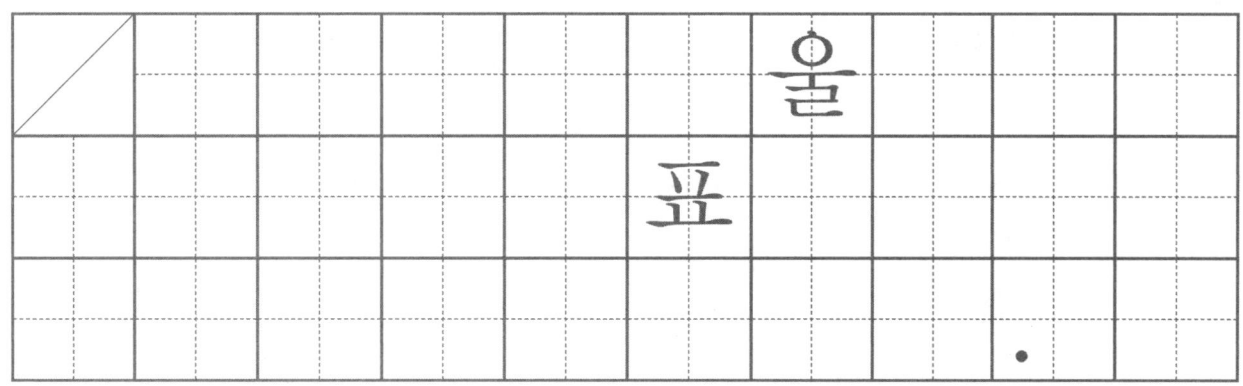

제 3 과   분명하고 유창하게(1)

1 누구일까요?

 다음 그림과 설명에 어울리는 사람을 빈칸에 쓰세요.

(1)  농사를 직업으로 하는 사람.

(2)  일정한 자격을 가지고 남의 머리카락을 깎고 다듬는 사람.

(3)  경기에서 최고의 성적으로 이긴 사람.

(4)  이제 막 결혼한 부부.

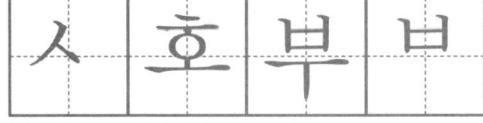

(5)  체급(몸무게에 따른 등급)에 관계없는 씨름 대회에서 일등을 차지한 사람.

2 언제일까요?

 빈칸에 때를 나타내는 말을 넣어 문장을 완성하세요.

(1) 호연이는 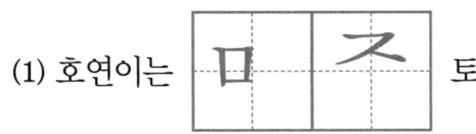 토요일에 아버지와 도서관에 가요.

* 모든 주마다.

(2) 우리 강아지는 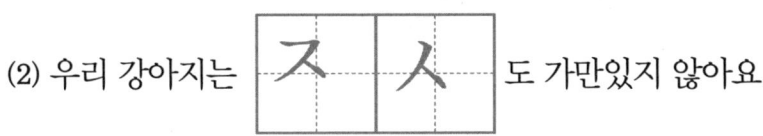 도 가만있지 않아요.

* 짧은 시간.

(3) 비가 내리는 것 같더니  하늘이 맑아졌어요.

* 얼마 되지 않은 짧은 시간 안에.

(4) 오늘은 부모님께서 결혼하신 지 15년이 되는 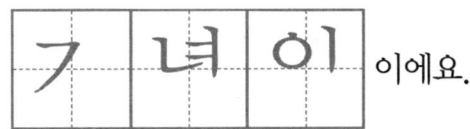 이에요.

* 축하하거나 기억할 만한 일이 있을 때, 해마다 그 일이 있었던 날을 떠올리는 날.

(5) 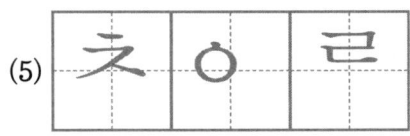 인데 벌써 날씨가 너무 더워요.

* 이른 여름.

3 문장

문장은 다음과 같은 짜임으로도 이루어집니다.

1. 누가(무엇이) + 어찌하다(움직임을 나타내는 말).
   예) 아기가 웃는다.

2. 누가(무엇이) + 어떠하다(성질이나 상태를 나타내는 말).
   예) 꽃이 예쁘다.

3. 누가(무엇이) + 무엇이다(뜻이나 종류를 나타내는 말).
   예) 나는 학생이다.

✏️ 다음 말들을 빈칸에 종류별로 쓰세요.

| 아름답다 | 달리다 | 기쁘다 |
| 동물이다 | 먹다 | 반찬이다 |

(1) 움직임을 나타내는 말

(2) 성질이나 상태를 나타내는 말

(3) 뜻이나 종류를 나타내는 말

✏️ 다음 그림을 보고 빈칸에 알맞은 낱말을 넣어 문장을 완성하세요.

(4) 선영이는 이가 매우 _____.

(5) 그래서 선영이가 간 곳은 _____.

(6) 치료 도구들을 보니 _____.

(7) 선영이는 눈을 질끈 _____.

(8) 의사 선생님께서 선영이의 이를 말끔히 _____.

4 띄어 읽기

문장 안에서는 이렇게 띄어 읽습니다.

1. '누가(무엇이)' 뒤에 ∨(쐐기표)를 하고 조금 띄어 읽어요.
2. '누가(무엇이)'의 뒷부분이 길면 한 번 더 띄어 읽어요. 이때에는 '어찌하다', '어떠하다', '무엇이다' 다음에 띄어 읽어요.
3. 문장과 문장 사이에는 ∨∨(겹쐐기표)를 하고 조금 더 띄어 읽어요.

 문장 속 빈칸 가운데 ∨(쐐기표)나 ∨∨(겹쐐기표)가 들어갈 곳을 찾아 바르게 표시하세요.

(1) 바람이 ① ☐ 쌩쌩 ② ☐ 불어요.

(2) 구름이 ① ☐ 하늘에 ② ☐ 잔뜩 ③ ☐ 끼었어요.

(3) 현수는 ① ☐ 비를 ② ☐ 막으려고 ③ ☐ 우산을 ④ ☐ 썼어요.

(4) 은호는 ① ☐ 운동을 ② ☐ 열심히 ③ ☐ 해서 ④ ☐ 수영 ⑤ ☐ 대회에서 ⑥ ☐ 우승했어요.

(5) 현주는 ① ☐ 비옷을 ② ☐ 입고 ③ ☐ 밖으로 ④ ☐ 나갔어요. ⑤ ☐ 승우는 ⑥ ☐ 현주를 ⑦ ☐ 만났어요.

(6) 민재는 ① ☐ 할아버지를 ② ☐ 만나러 ③ ☐ 할아버지 ④ ☐ 댁에 ⑤ ☐ 갔어요. ⑥ ☐ 할아버지는 ⑦ ☐ 민재를 ⑧ ☐ 꼭 ⑨ ☐ 안으셨어요.

✏️ **다음 글에 ∨(쐐기표)나 ⋁(겹쐐기표)를 넣고 띄어 읽으세요.**

(7)

쉬는 시간이 되었어요. 민지는 화장실에 가려고 자리에서 벌떡 일어났어요.

민지가 화장실에 가다가 주호의 발을 밟았어요. 민지는 사과도 못하고 화장실로 달려갔어요.

민지는 교실에 가서 주호에게 사과했어요. 주호는 괜찮다며 민지의 어깨를 토닥거렸어요.

5 단오

 단오와 관계있는 낱말을 넣어 문장을 완성하세요.

(1) 단오는 우리 민족의 매우 중요한  이에요.

  * 해마다 일정하게 지켜 즐기거나 기념하는 때.

(2) 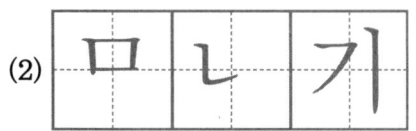 후에 벼가 잘 자라기를 바라며 단오를 지내요.

  * 벼의 싹을 논에 옮겨 심는 일.

(3) 단오에는 사람들의 건강을 바라는 여러 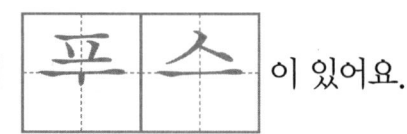 이 있어요.

  * 옛날부터 그 사회에 전해 오는 생활 방식.

(4) 단오에 시원한 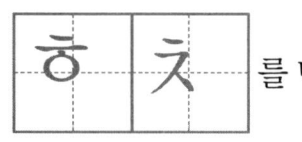 를 만들어 먹어요.

  * 꿀이나 설탕을 탄 물에 조각낸 과일이나 먹을 수 있는 꽃을 넣은 음료.

(5) 옛날부터 단오에 남자들은 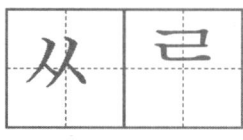 을 하고, 여자들은 그네를 탔어요.

  * 두 사람이 허리와 다리에 묶은 천을 잡고 힘과 기술로 상대를 땅에 넘어뜨리는 운동.

6 꾸며 주는 말

✏️ 빈칸에 꾸며 주는 말을 알맞게 넣어 문장을 자세히 표현하세요.

(1) 지은이는 왜 <u>하프</u> 그날 거기에 갔을까?

* 다른 방법을 쓰지 않고 어찌하여 꼭.

(2) 윤호는 음식을 보자마자 <u>비그르</u> 웃었어요.

* 입을 약간 벌리고 소리 없이 부드럽게 웃는 모양.

(3) 승혁이는 <u>ㅁㅈ거</u> 민아 편만 들어요.

* 이리저리 살피지 않고.

(4) 저는 강아지만 보면 <u>ㅈㅈ로</u> 미소가 지어져요.

* 일부러 하지 않고 자연적으로.

(5) 사람들이 잘 알아듣도록 <u>또박또박</u> 말해요.

* 말이나 글씨 등이 애매하거나 흐리지 않고 또렷하고 분명한 모양.

7 십자말풀이

 가로 열쇠와 세로 열쇠를 잘 읽고, 빈칸을 채우세요.

		(1) 출		
	(2)			
(3)			(6)	
		(5)		
(4)		드		

가로 열쇠

(2) 머리에 쓰거나 붙이기 위해 머리카락이나 그와 비슷한 것으로 만든 물건.

(3) 장식으로 손가락에 끼는 고리.

(4) 떨어지는 물이 아래로 흐르다가 길게 얼어붙은 얼음.

(5) 남에게 영향을 끼칠 만한 기운이나 태도.

(6) 집에 붙어 있거나 집 가까이 있는 밭.

세로 열쇠

(1) 목적지를 향해 나아가는 시작.

(2) 나무나 풀의 중심 줄기에서 뻗어 나온 줄기.

(3) 약이나 붕대 등을 피부에 붙이기 위해 만든 테이프.

(5) 물보다 가볍고 불을 붙이면 잘 타는 액체. 약간 끈끈하고 미끈미끈하다.

(6) 먼저 자리를 잡은 사람이 뒤에 오는 사람을 낮추어 보며 괴롭히는 행동.

예) ○○를 부리다. ○○가 심하다.

제 4 과 분명하고 유창하게(2)

1 발표

 빈칸에 알맞은 낱말을 넣어 발표할 때 지켜야 할 일을 완성하세요.

(1) 발표하는 사람과 듣는 사람 모두 | ㅇ | 저 | 을 지켜야 해요.

* 사회생활에서 반드시 지켜야 하는 바르고 공손한 말씨와 행동.

(2) 발표하는 사람은 | 지 | ㅈ | 한 | 태도로 말해야 해요.

* 마음씨나 행동 등이 올바르고 성실한.

(3) 차례를 지켜 발표하면 | 고 | 퍼 | 하 | 게 | 말할 수 있어요.

* 어느 한쪽으로도 치우치지 않고 고르게.

(4) 듣는 사람은 발표하는 사람을 | 조 | 주 | 해 | 야 | 해요.

* 높여 귀중하게 대해야.

2 무슨 낱말일까요?

✏️ 빈칸에 알맞은 낱말을 넣어 문장을 완성하세요.

(1) 정진이는 등굣길에 겪은 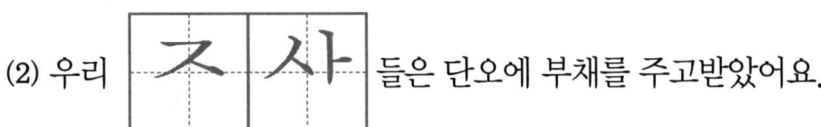 을 학교 방송국에 보냈어요.

　* 일의 앞뒤 사정과 내용.

(2) 우리 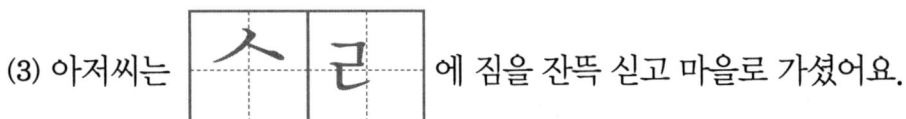 들은 단오에 부채를 주고받았어요.

　* 지금 사람들보다 먼저 살았던 사람들.

(3) 아저씨는 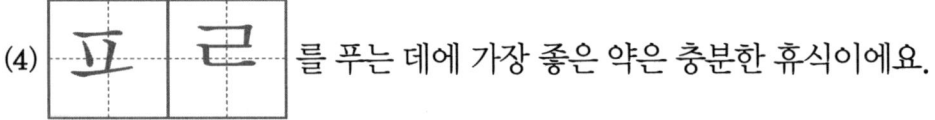 에 짐을 잔뜩 싣고 마을로 가셨어요.

　* 사람을 태우거나 짐을 실어 나르기 위해 바퀴를 달아서 굴러가게 만든 기구.

(4) 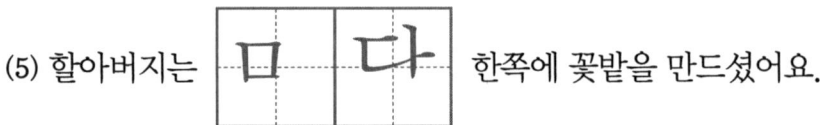 를 푸는 데에 가장 좋은 약은 충분한 휴식이에요.

　* 일에 시간과 힘을 지나치게 많이 사용해서 정신이나 몸이 지치고 힘든 상태.

(5) 할아버지는 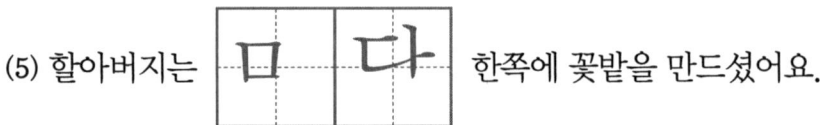 한쪽에 꽃밭을 만드셨어요.

　* 집의 앞이나 뒤에 평평하게 만들어 놓은 땅.

(6) 우리는 어른들께 삶의 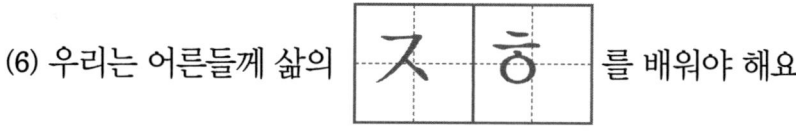 를 배워야 해요.

* 사물이나 생활의 원리를 잘 이해하고 판단하여 처리하는 정신 능력.

(7) 말을 들을 때에는  을 하지 말아요.

* 집중하지 않고 다른 데로 쓰는 생각.

(8) 규상이는 친구를 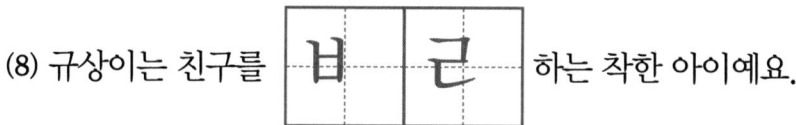 하는 착한 아이예요.

* 도와주거나 보살펴 주려고 마음을 씀.

(9) 누나는 전화를 받더니 갑자기 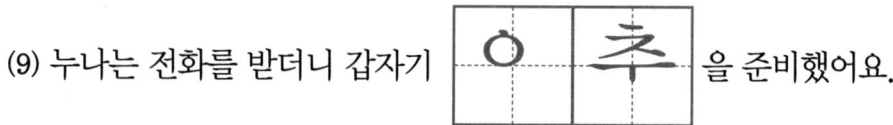 을 준비했어요.

* 집이나 회사 등에서 잠시 밖에 나감.

(10) 한복은 우리 민족의 전통 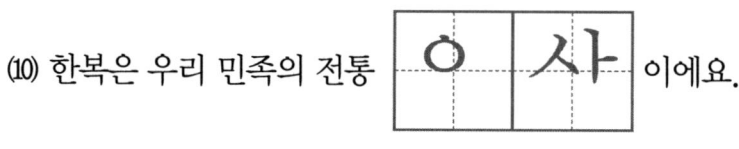 이에요.

* 겉에 입는 옷.

(11) 핀란드에 가면 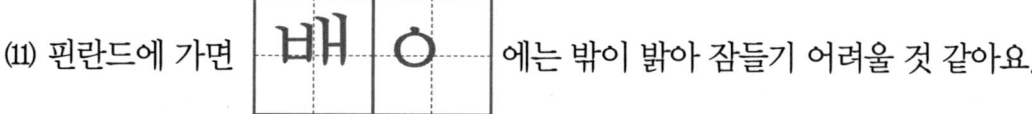 에는 밖이 밝아 잠들기 어려울 것 같아요.

* 어두워지지 않는 밤. 북극과 남극에 가까운 지방에서 일어난다.

3 '안'과 '않'

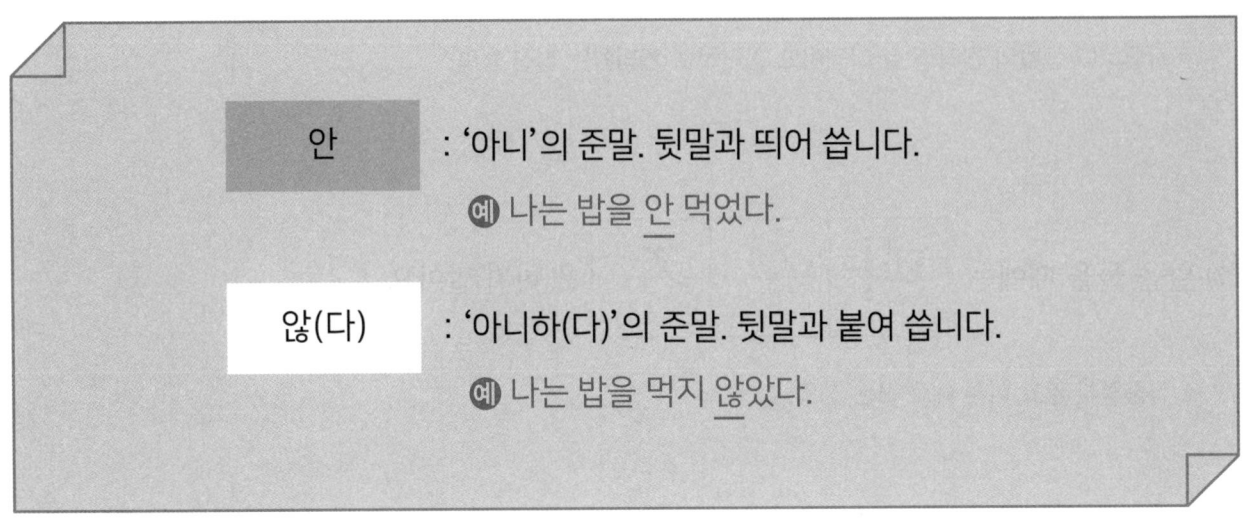

✏️ **다음 문장에 들어갈 말을 찾아 동그라미 하세요.**

(1) 성주는 노래를 (안 / 않) 불렀다.

(2) 성주는 노래를 부르지 (안았다 / 않았다).

(3) 정은이는 약속을 (안 / 않) 지켰다.

(4) 정은이는 약속을 지키지 (안았다 / 않았다).

(5) 지호는 거짓말을 (안 / 않) 한다.

(6) 지호는 거짓말을 하지 (안는다 / 않는다).

(7) 이 책을 (안 / 않) 읽은 사람이 있을 거라고는 생각해 보지 (안았다 / 않았다).

4 바르게 쓰기

✏️ **밑줄 친 부분을 바르게 고쳐 쓰세요.**

(1) 정말 이렇게 하면 나쁜 기운을 <u>없엘</u> 수 있을까요?

(2) <u>오랫만에</u> 친구들과 축구를 했어요.

(3) 이 떡은 주로 <u>단오날</u> 만들어 먹어요.

(4) 이 꽃은 색깔이 정말 <u>빨갓다</u>!

(5) 소풍 전날, <u>설레이는</u> 마음으로 잠들었어요.

(6) 이 식당은 우리 동네에서 가장 유명한 <u>곳이예요</u>.

5 낱말 뜻풀이

✏️ 빈칸에 알맞은 말을 넣어서 밑줄 친 낱말의 뜻을 풀이하세요.

(1) 단오는 <u>음력</u> 5월 5일이에요.

* 음력: ⬜(ㄷ) 이 지구를 한 바퀴 도는 시간을 기준으로 만든 달력.

(2) 형은 누나와는 다르게 <u>느긋한</u> 성격이에요.

* 느긋한: 서두르지 않고 ⬜(ㅇ)⬜(ㅇ) 가 있는.

(3) 그 외국인은 우리말을 <u>유창하게</u> 했어요.

* 유창하게: 말을 하거나 글을 읽는 것이 ⬜(ㅁ) 흐르듯이 거침없게.

(4) 아버지는 <u>노르스름한</u> 은행잎을 주워서 저에게 주셨어요.

* 노르스름한: 조금 ⬜(ㄴ)⬜(ㄹ) .

(5) 토끼는 입을 <u>앙다물고</u> 자라를 째려보았어요.

* 앙다물고: 힘을 주어 ⬜(ㅇ)⬜(ㅅ) 을 꼭 맞대고.

6 외국에서 들어와 쓰이는 말

✎ 빈칸에 외국에서 들어와 쓰이는 말을 넣어 문장을 완성하세요.

(1) 언니는 빵에 잼을 바른 뒤에 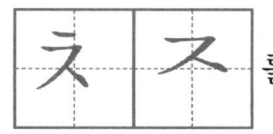 를 얹어 먹었어요.

   * 우유를 굳혀서 발효시킨(미생물이 물질의 성질을 달라지게 한) 식품.

(2) 삼촌은 중국에서 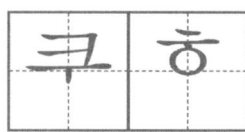 를 배우고 돌아오셨어요.

   * 무기 없이 유연한 동작으로 손과 발을 이용하여 공격하는 중국식 운동.

(3) 지은이와 수현이는 장기 자랑 시간에 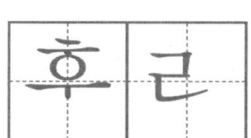 춤을 추었어요.

   * 엉덩이를 흔들며 추는 하와이 전통 춤의 이름.

(4) 우리 가족은 오늘 저녁에 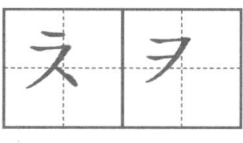 을 먹기로 했어요.

   * 닭에 밀가루 등을 묻히고 튀겨 만든 요리.

(5) 아주머니는 '① 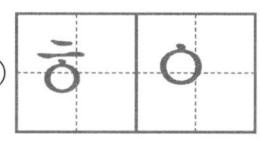 ② 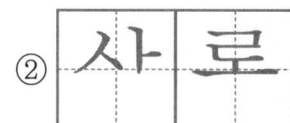'이라는 미용실을 하세요.

   * ① 동물의 털. 여기서는 사람의 머리카락을 이르는 말.
     ② 옷 가게, 미용실 등 장사하는 곳을 이르는 말.

7 따옴표

따옴표를 적절하게 사용하면 글을 실감 나게 쓸 수 있습니다.

1. 큰따옴표(" "): 대화나 남의 말을 직접 표시할 때에 씁니다.
   예) "안녕하세요?", "민정아, 이 옷 어때?"
2. 작은따옴표(' '): 마음속으로 한 말을 적거나 어떤 말을 강조할 때에 씁니다.
   예) '이럴 때엔 어떻게 하지?', 문장 부호에는 '마침표', '쉼표' 등이 있어요.

 색이 칠해져 있는 빈칸에 알맞은 따옴표를 넣으세요.

(1)

| | 승 | 재 | 야 | , | 오 | 늘 | | 우 |
| 리 | | 집 | 에 | | 갈 | 래 | ? | |

(2)

| | 갈 | 까 | , | 말 | 까 | ? | | |
| 하 | 고 | | 생 | 각 | 했 | 어 | 요 | . |

(3)

| | 글 | 쓴 | 이 | 는 | | | 배 | 려 | |
| 를 | | 주 | 제 | 로 | | 삼 | 았 | 어 | 요 . |

8 원고지 쓰기

 다음 문장을 괄호 안의 횟수만큼 띄워서 원고지에 옮겨 쓰세요.

(1) 애들은그동안저를도와준친구예요. (4)

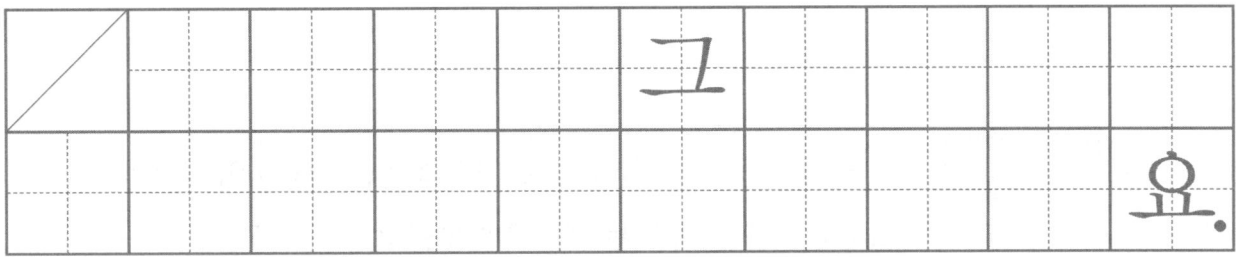

(2) 빵을생각할때마다입안에침이잔뜩고여요. (6)

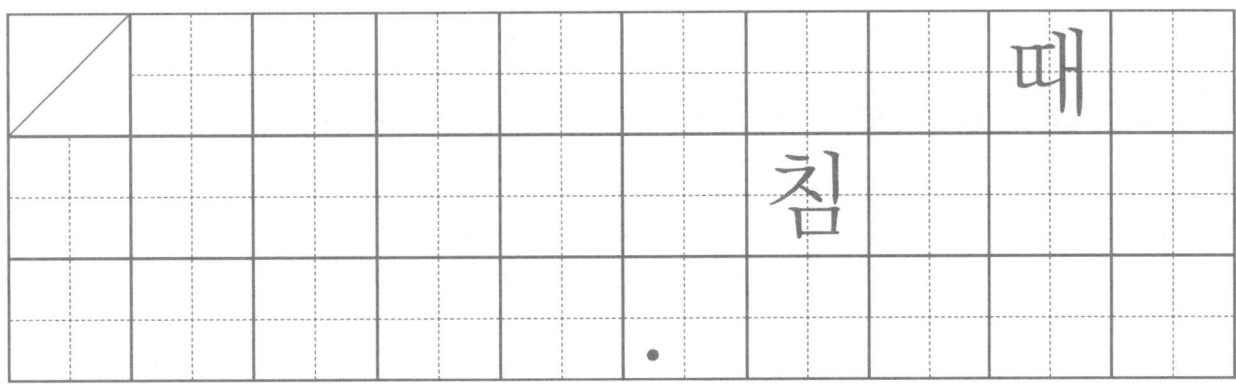

(3) 다른사람이잘알아들을수있도록자신있게말해요. (8)

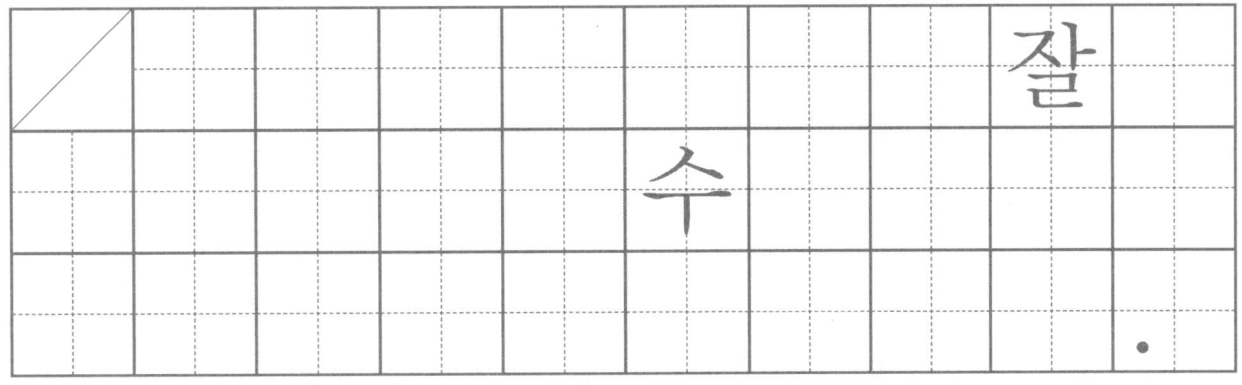

제 5 과 짜임새 있는 글, 재미와 감동이 있는 글(1)

1 축구

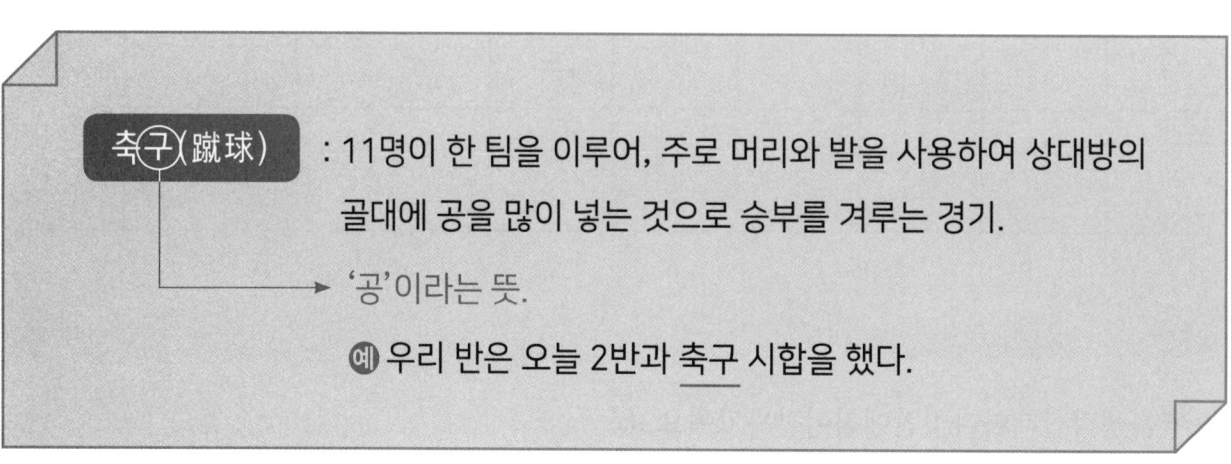

✏️ **다음 설명을 읽고, 공으로 하는 운동 경기 이름을 빈칸에 쓰세요.**

(1) 아홉 명씩으로 이루어진 두 팀이 9회씩 공격과 수비를 번갈아 하는 경기. 투수가 던진 공을 타자가 친다.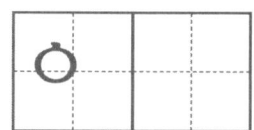

(2) 다섯 명씩으로 이루어진 두 팀이 상대편의 골대에 공을 던져 넣는 경기.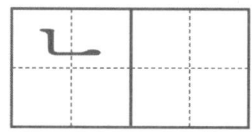

(3) 두 팀이 일정한 구역 안에서 공을 던져 상대편을 맞히는 경기.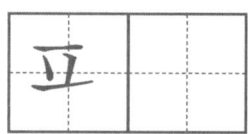

(4) 가운데에 그물이 있는 탁자 위로 기구를 이용해 공을 쳐 넘기는 경기.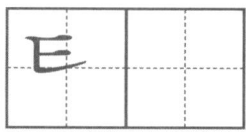

2 문장과 문단

 다음은 문장과 문단에 대한 설명입니다. 빈칸에 알맞은 낱말을 쓰세요.

(1) 문장은 　다　ㅇ　 가 모여 만들어져요.

　＊ 분리되어 혼자 쓰일 수 있는 말. 예 낱말

(2) 문장이 모여 한 가지 　새　ㄱ　 을 나타내는 글의 단위를 문단이라 해요.

　＊ 어떤 일에 대한 의견이나 느낌.

(3) 문단을 시작할 때에는 한 　ㅋ　 을 들여 써요.

　＊ 사방을 빙 둘러 가며 막은 그 선의 안.

(4) 한 문단을 끝내고 새로운 문단을 시작할 때에는 　ㅈ　 을 바꿔요.

　＊ 글에서, 가로나 세로로 써 나간 것.

(5) 보통 한 문단에는 　ㅈ　ㅅ　 생각을 하나만 담아요.

　＊ 매우 중요하고 기본이 되는 부분.

3 무슨 낱말일까요?

 빈칸에 알맞은 낱말을 넣어 문장을 완성하세요.

(1) 교문이 오래되어 □녹□ 이 생겼어요.

* 쇠붙이가 산소를 만났을 때에 그 표면에 생기는, 붉거나 검거나 푸른 물질.

(2) 흥부는 돈 한 □푼□ 벌지도 못하면서 베풀기를 좋아했어요.

* 얼마 되지 않는 돈을 세는 단위.

(3) 어머니는 물건 가격을 일일이 확인할 정도로 □알□뜰□ 하세요.

* 일이나 살림을 정성스럽고 계획적으로 하여 함부로 쓰지 않고 빈틈이 없음.

(4) 재연이는 눈물로 □범□벅□ 이 된 지수의 얼굴을 정성스레 닦아 주었어요.

* 물기가 많은 것이 몸에 잔뜩 묻은 상태를 비유적으로 이르는 말.

(5) 호진이는 선생님의 질문에도 계속 □딴□처□ 을 피웠어요.

* 어떤 일을 하는 데 그 일과는 전혀 관계없는 일이나 행동.

(6) 은희는 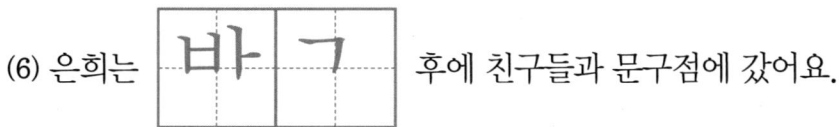 후에 친구들과 문구점에 갔어요.

  * 그날 하루에 하도록 정해진 학교 수업이 끝남.

(7) 종호는  기사님께 물을 한 잔 드렸어요.

  * 우편물이나 짐, 상품 등을 원하는 장소까지 직접 배달해 주는 일.

(8) 민속촌에서는 우리 민족의 다양한  놀이를 즐길 수 있어요.

  * 어떤 집단이나 공동체에서, 과거부터 이어져 내려오는 정신과 형식.

(9) 공사장 앞 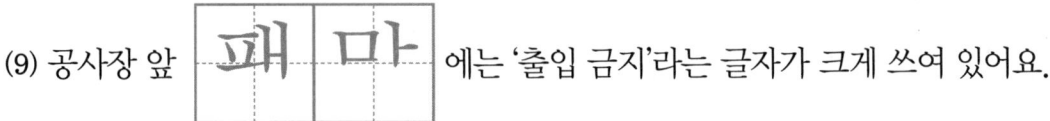 에는 '출입 금지'라는 글자가 크게 쓰여 있어요.

  * 남에게 어떤 내용을 알릴 목적으로 글을 쓰거나 표시를 해 놓은, 네모난 조각.

(10) 우리 동네 곳곳에는 환경 보호에 관한  이 걸려 있어요.

  * 어떤 일이나 주장을 여러 사람에게 널리 알리는 글을 적어 걸어 놓은 천.

(11) 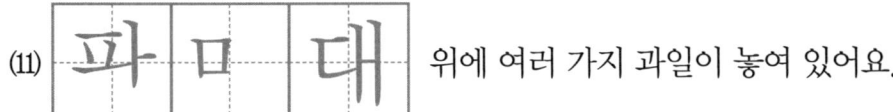 위에 여러 가지 과일이 놓여 있어요.

  * 여러 가지 상품을 놓을 수 있게 만든 탁자.

4 복수 표준어

✏️ 같은 뜻을 나타내는 표준어가 두 개 이상인 경우에 그 낱말들을 복수 표준어라고 합니다. 밑줄 친 낱말의 복수 표준어를 빈칸에 쓰세요.

(1) 어머니께서 쇠고기를 넣은 미역국을 끓여 주셨어요.

 * 소의 고기.

(2) 명찬이는 라면보다 자장면을 더 좋아해요.

 * 고기와 채소를 넣어 볶은 양념장에 국수를 비빈 중국요리.

(3) 지우는 만날 누나에게 영어를 배워요.

 * 매일 같이 계속하여서.

(4) 독수리가 힘차게 나래를 퍼덕이며 날아올랐어요.

 * 새나 곤충의 몸 양쪽에 붙어서 날아다니는 데 쓰는 기관.

(5) 유연이가 낀 귀고리가 매우 예뻐요.

 * 귀에 걸어 멋을 내기 위하여 쓰는 물건.

5 바르게 읽어요

받침 'ㅎ'이 'ㄱ, ㄷ, ㅈ'을 만나면, 두 소리를 합쳐서 [ㅋ, ㅌ, ㅊ]으로 발음합니다.
예) 좋다 [조타], 닿지 [다치]

반대로, 받침 'ㄱ, ㄷ, ㅈ, ㅂ'이 'ㅎ'을 만나면, 두 소리를 합쳐서 [ㅋ, ㅌ, ㅊ, ㅍ]으로 발음합니다.
예) 축하 [추카], 입학 [이팍]

다음 문장 속 밑줄 친 부분을 [   ] 안에 소리 나는 대로 쓰세요.

(1) 재중이는 집에 가방을 <u>놓고</u> 곧장 놀러 나갔어요.   [   ]

(2) 설탕을 <u>넣지</u> 않고 그냥 먹는 게 건강에 좋아요.   [   ]

(3) 주은이는 이번 연극에서 주인공 <u>역할</u>을 맡았어요.   [   ]

(4) <u>맏형</u>은 항상 우리 동생들을 든든하게 보살펴 주어요.   [   ]

(5) 장훈이가 공으로 정아의 얼굴을 <u>맞혀</u> 사과했어요.   [   ]

6 -회

-회(會) : 낱말 뒤에 붙어 '모임'의 뜻을 더해 줍니다.
예) 운동 + -회 → 운동회(여러 사람이 모여 여러 가지 운동 경기를 하는 모임)

 뜻풀이를 읽고, 빈칸에 '-회'가 들어가는 낱말을 알맞게 쓰세요.

(1) 여러 가지 물건을 벌여 놓고 많은 사람이 볼 수 있게 한 모임.

(2) 어떤 문제에 대하여 여러 사람이 각각 의견을 주고받는 모임.

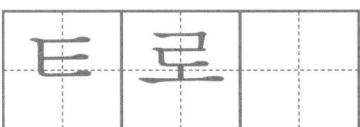

(3) 연구 결과나 예술 작품 등을 세상에 널리 드러내어 알리기 위한 모임.

(4) 같은 학교를 졸업한 사람들의 모임.

(5) 같은 취미를 가지고 함께 즐기는 사람들의 모임.

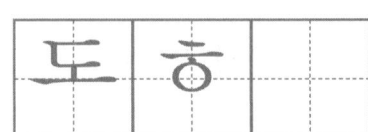

7 비슷한말

밑줄 친 낱말의 비슷한말을 빈칸에 쓰세요.

(1)
- 불이 모두 꺼지자 민아는 <u>공포</u>에 질려 몸을 바르르 떨었어요.
- 동생은 잔뜩 | 겁 | 을 집어먹은 목소리로 저를 찾았어요.

(2)
- 길을 가던 사람들이 교통사고가 난 <u>광경</u>을 보려고 모여들었어요.
- 이 그림은 자연의 | 모 | 습 | 을 그대로 담고 있어요.

(3)
- 밤하늘에 예쁜 별이 <u>많이</u> 떠 있어요.
- 예권이 생일잔치에 가니 맛있는 음식이 | 잔 | 뜩 | 있었어요.

(4)
- 할아버지께서는 평생 모은 재산을 <u>불우한</u> 사람들을 위해 선뜻 내놓으셨어요.
- 동화 작가 안데르센은 | 가 | 난 | 한 | 집안에서 태어났어요.

(5)
- 이 물건은 소원을 들어주는 <u>신비한</u> 힘이 있어요.
- 시골에 가면 할머니께서 | 신 | 기 | 한 | 이야기를 들려주세요.

8 바르게 쓰기

✏️ 밑줄 친 낱말을 바르게 고쳐 쓰세요.

(1) 아기가 신이 나서 <u>손벽</u>을 쳐요.

(2) 주빈이는 <u>패트병</u>을 모아서 한꺼번에 버려요.

(3) 시장은 사람들로 <u>북쩍여</u> 걸어갈 틈이 없었어요.

(4) 개미는 <u>더드미</u>로 적과 동료를 구분해요.

(5) 숙제를 마치고 나니 기분이 <u>상쾨해요</u>.

(6) 대호는 <u>휘둥그래진</u> 눈으로 저를 봤어요.

제 6 과 짜임새 있는 글, 재미와 감동이 있는 글(2)

1 바느질에 쓰이는 물건

 바느질할 때 쓰이는 도구입니다. 이름을 따라 쓰고 그림과 바르게 연결하세요.

(1) 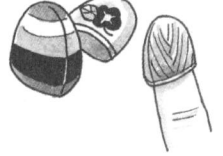 • •

* 불에 달구어 천을 눌러서 주름을 잡거나 구김을 펴는 도구.

(2) 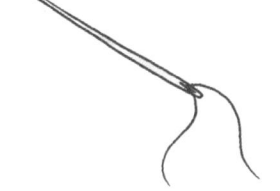 • •

* 옷감이나 실 등을 자르는 도구.

(3)  • •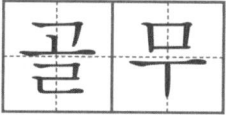

* 다치지 않도록 손가락에 끼는 도구.

(4)  • •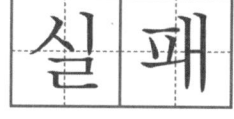

* 실을 감아 두는 도구.

(5)  • •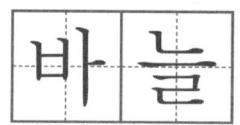

* 옷을 만들거나 꿰맬 때 쓰는 도구.

2 일

 일과 관련 있는 낱말입니다. 빈칸에 알맞은 낱말을 쓰세요.

(1) 주영이 아버지의 ㅈ|업 은 경찰관이에요.

　*자기 성격과 능력에 따라 하는 일.

(2) 형은 학교를 졸업하자마자 ㅊ|지 에 성공했어요.

　*일정한 일을 찾아 직장에 나가는 것.

(3) 아버지는 매일 아침 8시에 출ㄱ 을 하세요.

　*직장에 일하러 나가는 일.

(4) 미용실을 운영하던 이모는 한 달 동안 ㅎ|업 을 하고 치료를 받으셨어요.

　*일을 잠시 중단하고 하루 또는 한동안 쉬는 것.

(5) 요즘 일ㅈ리 가 적어 일을 하고 싶어도 못 하는 사람이 많아요.

　*돈을 벌기 위해 일을 하는 곳.

3 외국에서 들어와 쓰이는 말

 빈칸에 외국에서 들어와 쓰이는 말을 넣어 문장을 완성하세요.

(1) 명우는 주말에 가족들과 | 보 | 링 | 을 치며 스트레스를 풀었어요.

  * 크고 무거운 공을 굴려 앞쪽에 세워 둔 핀 열 개를 많이 쓰러뜨려서 승부를 겨루는 경기.

(2) 시은이는 고장 난 스마트폰을 수리 | 세 | 터 | 에 맡겼어요.

  * 어떤 일을 담당하는 곳을 나타내는 말.

(3) 이 신발은 | 사 | 이 | 즈 | 가 딱 맞아서 아주 편해요.

  * 옷이나 신발 등의 크기.

(4) 아버지는 운전하실 때 항상 | 선 | 글 | 라 | 스 | 를 끼세요.

  * 강한 햇빛으로부터 눈을 보호하거나 멋을 내기 위하여 쓰는, 색깔 있는 안경.

(5) | 플 | 라 | 스 | 틱 | 은 반드시 재활용 쓰레기통에 버려요.

  * 열이나 압력을 가하여 여러 모양으로 만들 수 있는 물질.

4 사이시옷

두 낱말이 합쳐지면서 둘 사이에 시옷이 붙기도 하는데, 이것을 '사이시옷'이라고 합니다. 동그라미 속 자음으로 시작하는 두 말을 합쳐 알맞은 낱말을 쓰세요.

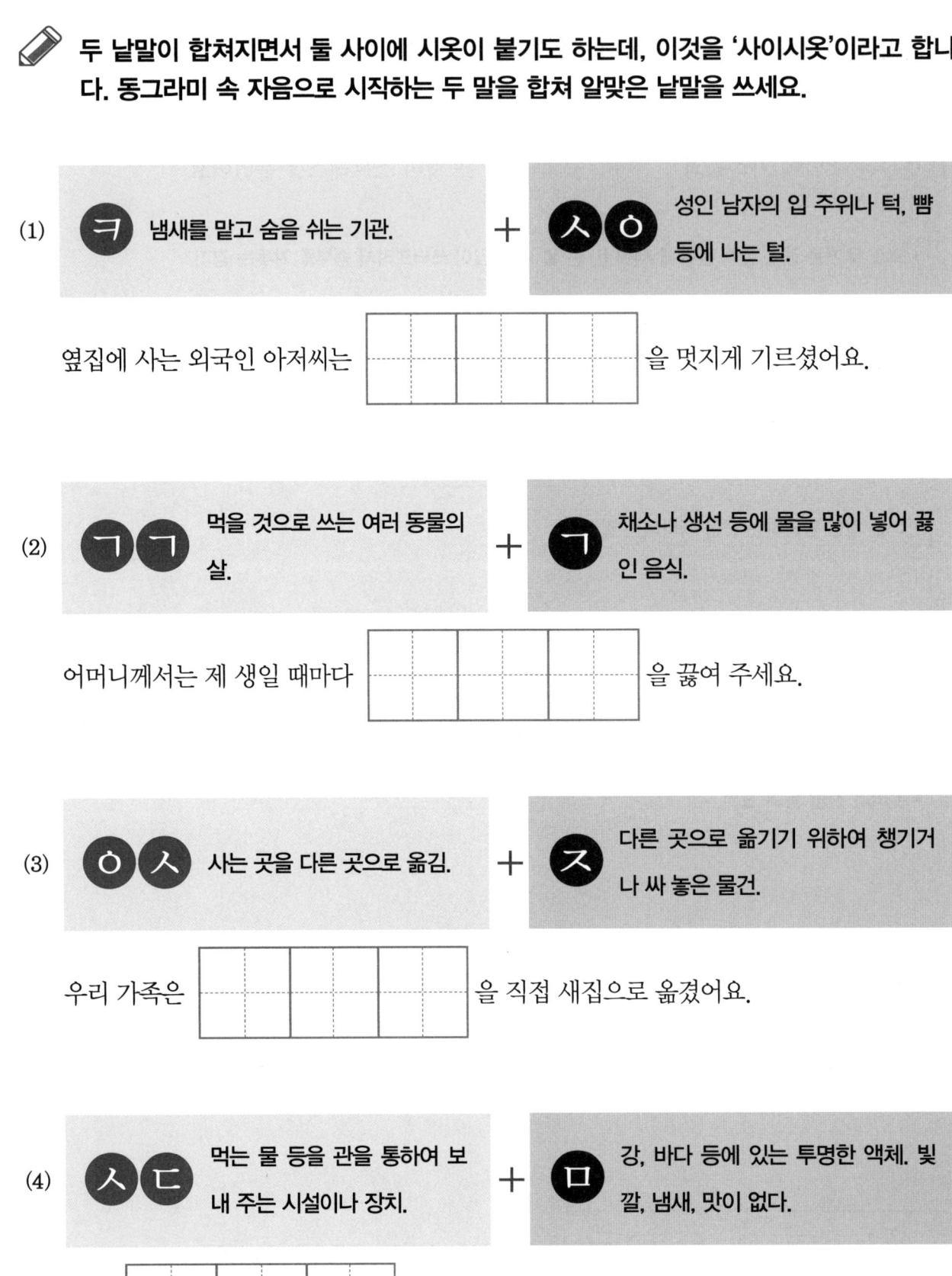

5 웃음

 다음 설명을 읽고 '웃음'으로 끝나는 낱말을 빈칸에 쓰세요.

(1) 도서관에서 만난 저와 성호는 서로  을 지으며 인사했어요.

  * 소리 없이 눈으로만 살짝 웃는 웃음.

(2) 친구들의  에도 준하는 최선을 다해 노래했어요.

  * 흉을 보듯이 놀리거나 무시하며 웃는 웃음.

(3) 정수는 이야기를 다 듣고 나서 기가 막혀  만 지었어요.

  * 어이가 없어서 피식 웃는 웃음.

(4) 상진이는  을 짓더니 집으로 가 버렸어요.

  * 마음에 들지 않아 웃는 듯 마는 듯 짓는 웃음.

(5) 자영이는 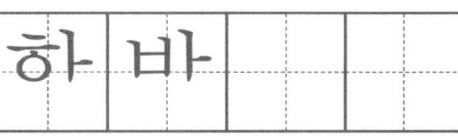 을 지으며 반갑게 친구들을 맞았어요.

  * 크고 환하게 웃는 웃음.

6 반대말

밑줄 친 낱말의 반대말을 빈칸에 쓰세요.

(1)
- 이 시설은 <u>유료</u>라서 사람들이 거의 찾지 않아요.
- 이 놀이공원은 매년 어린이날에 놀이 시설을 ㅁ□ 로 운영해요.

(2)
- 정부는 이 <u>인공</u> 섬 위에 공항을 지을 예정이에요.
- 이 섬은 ㅈㅇ 그대로의 모습을 간직하고 있어 관광객이 많이 찾아요.

(3)
- 가현이는 교실에서 주운 <u>습득물</u>을 친구에게 돌려주었어요.
- 여기는 지하철에 두고 내린 ㅂㅅ물 을 보관하는 곳이에요.

(4)
- 우리 집 멍멍이가 <u>낯선</u> 사람을 보더니 마구 짖어요.
- 범찬이는 겁이 많아서 ㅇ수한 길로만 다녀요.

(5)
- 산 정상에 오르니 기분이 정말 <u>상쾌해요</u>.
- 오늘 여행을 가는데 황사가 너무 심해서 부ㅋ해요.

7 꾸며 주는 말

✏️ **빈칸에 꾸며 주는 말을 알맞게 넣어 문장을 자세히 표현하세요.**

(1) 주영이는 [마][치] 어린아이처럼 팔짝 뛰며 기뻐했어요.

* 비슷하게.

(2) 이 길을 따라 [곧][장] 가면 약국이 나올 거야.

* 옆길로 빠지지 아니하고 곧바로.

(3) 비빔밥은 세계에 [널][리] 알려진 전통 요리예요.

* 범위가 넓게.

(4) 예쁜 나비들이 꽃 사이를 [이][리][저][리] 날아다녀요.

* 일정한 방향이 없이 이쪽저쪽으로.

(5) 창재는 다 쓴 종이를 [꼬][기][꼬][기] 접어 휴지통에 버렸어요.

* 종이나 천 등을 접은 자국이 생기도록 마구 구기거나 비비는 모양.

제 6 과   짜임새 있는 글, 재미와 감동이 있는 글(2)

8 동작을 나타내는 말

 빈칸에 동작을 나타내는 말을 알맞게 넣어 문장을 완성하세요.

(1) 진웅이가 성재를 놀린 뒤에 혀를 쏙 ㄴㅣ밀고 달아났어요.

* 신체나 물체의 일부분이 밖이나 앞으로 나가게 하고.

(2) 직원들이 다양한 상품을 판매대에 진열해요.

* 여러 사람에게 보이기 위하여 물건들을 죽 벌여 놓아요.

(3) 바람이 심하게 불어 어깨를 움츠리고 걸었어요.

* 몸이나 몸의 일부를 안쪽으로 휘어지게 하거나 작게 하고.

(4) 나희는 입술을 실룩거리며 불평만 했어요.

* 근육의 한 부분이 비뚤어지거나 기울어지게 자꾸 움직이며.

(5) 문구점을 훑어보고 가장 마음에 드는 물건을 샀어요.

* 위에서 아래로, 또는 처음부터 끝까지 주의 깊게 잘 살펴보고.

9 원고지 쓰기

 다음 문장을 괄호 안의 횟수만큼 띄워서 원고지에 옮겨 쓰세요.

(1) 오늘밤에눈이내리면좋을텐데.(5)

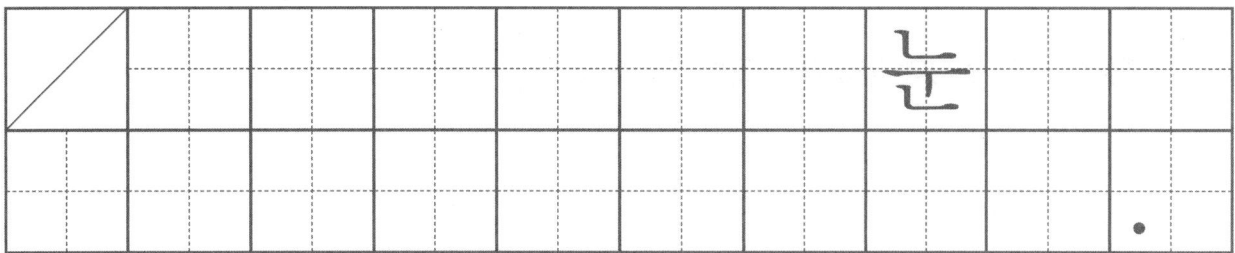

(2) 은별이는새모자를받자마자바로써보았습니다.(6)

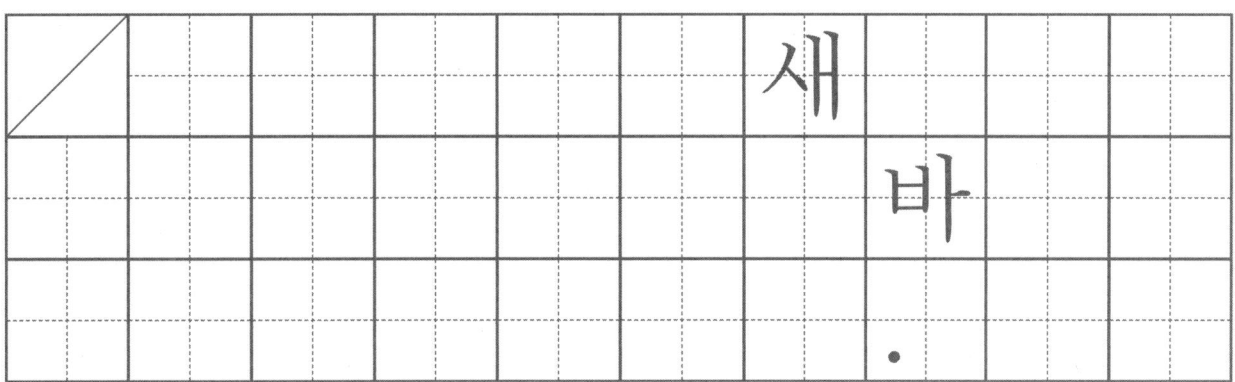

(3) 한번만더거짓말하면이제장난감을안사줄거야.(9)

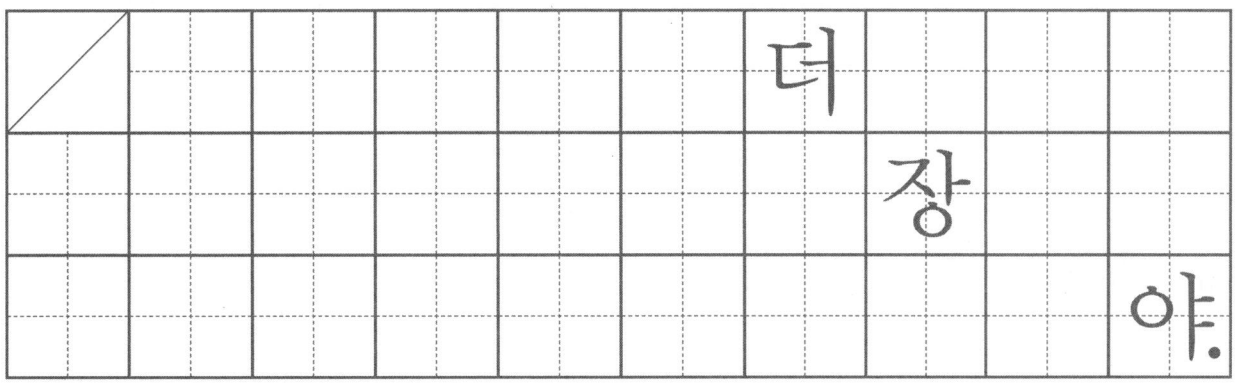

매체 서로 배려하며 소통해요

1 매체

✏️ 그림을 보고 문장에 어울리는 매체의 이름을 완성하세요.

(1)  아버지는 ㅅㅁ 을 한 장 한 장 꼼꼼히 보세요.

(2)  ㄹㄷㅇ 로 소식을 들을 수 있어요.

(3)  윤수가 휴대 ㅈㅎ 로 기사를 검색했어요.

(4)  ㅋㅍㅌ 로 학교 소식을 찾아 읽었어요.

(5)  ㅌㄹㅂㅈ 으로 뉴스를 보아요.

2 여러 나라의 음식

 다음 그림과 설명에 알맞은 음식의 이름을 쓰세요.

(1)  밀가루 반죽 위에 토마토소스를 바르고 고기와 야채, 치즈 등을 얹어 둥글고 납작하게 만들어 구운 이탈리아 음식.

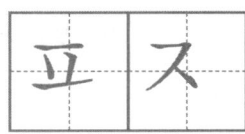

(2)  식초와 소금 등을 넣은 흰밥을 먹기 좋게 뭉친 뒤에 고추냉이와 생선 살 등을 얹어 만든 일본 음식.

(3)  만두피 속에 해산물이나 고기, 야채 등을 넣은 뒤에 찌거나 튀기는 등 다양한 방법으로 만든 중국 음식.

(4)  얇게 썬 빵 두 조각 사이에 고기, 달걀, 야채, 치즈 등을 넣어 만든 영국 음식.

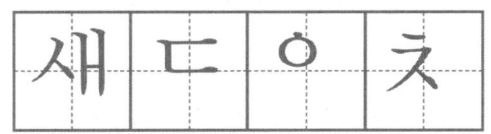

3 저작권을 보호하는 방법

다음은 저작권 보호에 관한 설명입니다. 빈칸에 알맞은 낱말을 쓰세요.

(1) 저작권이란 글, 그림, 동영상 등을 만든 사람이 가지는 ┌권│리┐ 예요.

* 어떤 일을 자유롭게 하거나, 주장하고 요구할 수 있는 자격. 반 의무

(2) 작품을 사용하려면 만든 사람에게 ┌허│락┐ 을 받아야 해요.

* 다른 사람의 요구나 제안, 부탁 등을 하도록 들어줌.

(3) 작품을 사용할 때에는 자기 마음대로 ┌수│정┐ 하면 안 돼요.

* 잘못되거나 마음에 안 드는 것을 고쳐 정리함.

(4) 다른 사람의 작품을 마음대로 자기 ┌자│료┐ 로 사용하면 안 돼요.

* 연구나 조사 등의 바탕이 되는 재료.

(5) 다른 사람의 기록이나 사진 등을 사용할 때에는 ┌출│처┐ 를 밝혀요.

* 물건이나 말 등이 처음 만들어지거나 생긴 곳.

4 무슨 낱말일까요?

✏️ 빈칸에 알맞은 낱말을 넣어 문장을 완성하세요.

(1) 이 책은 세계 여러 나라의 음식을 배우는 데 　차　ㄱ　 가 될 거예요.

　　* 도움이 될 만한 재료.

(2) 방학 기간을 　하　ㅇ　 하여 무엇을 배울지 함께 생각해 보아요.

　　* 충분히 잘 이용함.

(3) 체험 학습에 관한 내용은 학교 온라인 　ㄱ　ㅅ　판　 에서 볼 수 있어요.

　　* 인터넷상에서 여러 사람에게 알리는 글을 볼 수 있으면서, 자신의 글도 올릴 수 있는 공간.

(4) 명찬이가 올린 글에 친구들이 　대　ㄱ　 을 아주 많이 썼어요.

　　* 인터넷상에서, 한 사람이 올린 글에 대해 다른 사람이 짧게 답하여 올리는 글.

(5) 이 책을 만든 곳은 시서례 　추　파　사　 예요.

　　* 책이나 그림 등을 인쇄하여 세상에 내놓는 일을 하는 회사.

제 7 과 중요한 내용을 찾아요(1)

1 우리나라의 기념일

기념일 : 축하하거나 기억할 만한 일을 기억하는 날.
예 어린이날(5월 5일), 바다의 날(5월 31일)

✏️ **다음 설명을 읽고 알맞은 낱말을 넣어 기념일의 이름을 완성하세요.**

(1) 나무를 많이 심고 가꾸도록 하려고 국가에서 정한 날. 4월 5일이다.

(2) 낳아 주시고 길러 주신 아버지와 어머니의 사랑을 기념하기 위하여 국가에서 정한 날. 5월 8일이다.

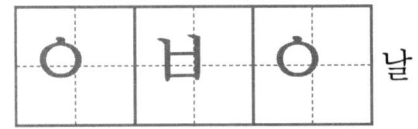

(3) 선생님에 대한 존경심을 생각하고 그 은혜를 기념하기 위하여 국가에서 정한 날. 5월 15일이다.

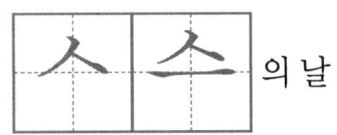

(4) 나라를 위해 목숨을 바친 분들을 기억하기 위하여 국가에서 정한 날. 6월 6일이다.

2 흉내 내는 말

✏️ 빈칸에 흉내 내는 말을 알맞게 넣어 문장을 자세히 표현하세요.

(1) 태율이의 주머니 밖으로 연필이 「삐ㅣㅈ」 나와 있어서 떨어질 것 같아요.

* 물체의 끝이 조금 길게 밖으로 나와 있는 모양.

(2) 민성이는 혜서의 말에 고개를 「갸ㅣㅇ」 기울였어요.

* 고개나 몸 등을 한쪽으로 조금 기울이는 모양.

(3) 동생은 화가 났는지 가방을 「홱」 던지고는 방으로 들어갔어요.

* 갑자기 날쌔게 던지거나 뿌리는 모양.

(4) 보나는 소예와의 약속이 「ㅁㅣㄷ」 떠올라 서둘러 집을 나섰어요.

* 생각이나 느낌 등이 갑자기 떠오르는 모양.

(5) 「포ㅣㅅㅣ퍼ㅣㅅ」 흙이 솟아오르더니 귀여운 동물이 나타났어요.

* 가루 등이 물기가 적어 뭉쳐지지 못하고 부스러지기 쉬운 모양.

3 무슨 낱말일까요?

 [가]와 [나]에서 한 글자씩 골라 빈칸에 알맞은 낱말을 완성하세요.

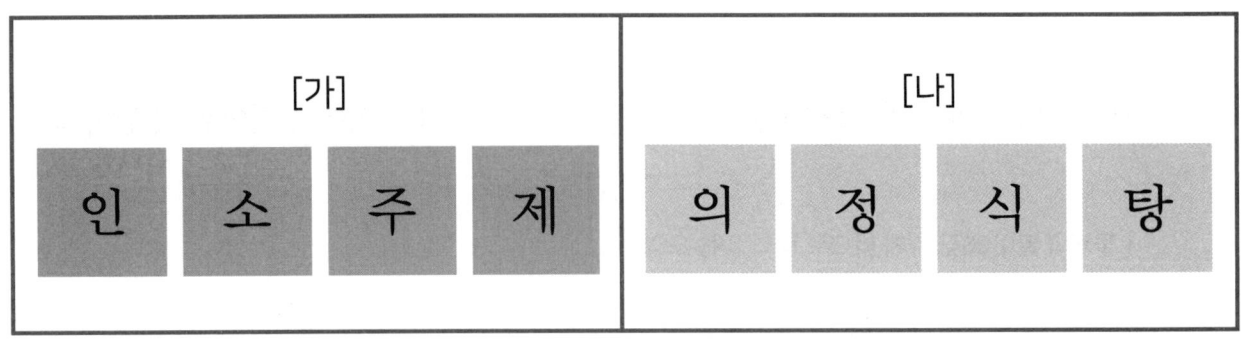

(1) 눈이 내려 길이 매우 미끄러우니 보행자들은  해야 해요.

   * 마음속에 깊이 기억하고 조심함.

(2) 우리나라 역사에 대한 올바른  이 매우 중요해요.

   * 무엇에 대하여 바르게 생각해 판단하여 앎.

(3) 이순신 장군은 거북선을 이끌고 일본군을 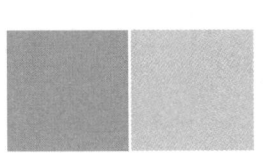 했어요.

   * 휩쓸어 모조리 잡거나 없앰.

(4) 5월 5일은 어린이를 소중히 여기자는 뜻에서  한 기념일이에요.

   * 제도나 법, 규정 등을 만들어서 정함.

✏️ 다음 글을 읽고, 동그라미 속 자음자로 시작하는 낱말을 빈칸에 쓰세요.

(5)
예 영희는 영화의 ㅈㅁ 이 너무 많아서 제대로 읽지 못했어요.
뜻 영화나 텔레비전 등에서, 관객이나 시청자가 읽을 수 있도록 화면에 비추는 글자.

(6)
예 할머니께서 ㅁㅈ 를 만들고 계셨어요.
뜻 삶은 콩을 찧은 다음, 네모나게 뭉친 뒤 발효시켜 말린 것. 된장의 주된 재료다.

(7)
예 장보고는 해적을 막기 위해 '청해'라는 곳에 ㅈ 을 설치했어요.
뜻 군사적으로 중요한 장소에 군대가 머무를 수 있게 만든 곳.

(8)
예 우리 집 뒷산에는 ㄱㅉㄱ 를 따라 길이 꼬불꼬불 나 있어요.
뜻 산과 산 사이에 움푹 패어 들어간 곳.

(9)
예 흙 속에는 아주 다양한 ㅁㅅㅁ 이 살고 있어요.
뜻 눈으로는 볼 수 없는 아주 작은 생물.

제 7 과 중요한 내용을 찾아요(1)

4 양념

 양념에는 여러 가지가 있습니다. 다음 설명을 읽고 알맞은 양념을 빈칸에 쓰세요.

(1) 짠맛을 내는 하얀색 고체 양념. 우리나라에서는 주로 바닷물에서 얻는다.

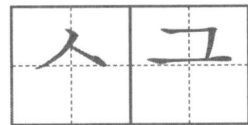

(2) 단맛을 내는 고체 양념. 물에 잘 녹는다.

(3) 신맛을 내는 액체 양념.

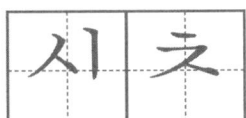

(4) 고소한 맛을 내는 액체 양념. 참깨를 짜서 만든다.

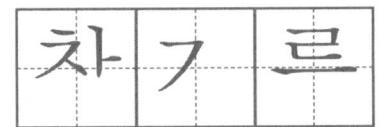

(5) 짠맛을 내는 흑갈색 액체 양념. 메주를 소금물에 담가 만든다.

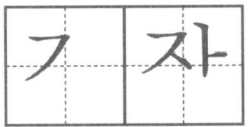

(6) 물기가 많은 밥, 죽 등에 메줏가루와 고춧가루, 소금을 섞어 만든 양념. 붉은빛을 띠며 매운맛을 낸다.

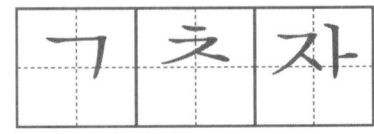

5 '중개'와 '중계'

 두 낱말의 뜻풀이를 읽고, 알맞은 낱말에 동그라미 하세요.

| 중개 | : 어떤 일에 직접 관계가 있는 두 사람 사이에 끼여서 일이 잘되도록 힘씀. |
| 중계 | : 방송국 밖의 상황을 방송국이 연결하여 방송하는 일. |

(1) 양화의 (중개 / 중계)로 심하게 다투었던 용민이와 인호가 화해했어요.

(2) 텔레비전에서 우리나라 선수들의 올림픽 경기를 (중개 / 중계)하고 있어요.

| 매다 | : 끈, 줄 등의 두 끝을 풀어지지 않게 묶다. |
| 메다 | : 물건을 어깨에 걸치거나 올려놓다. |

(3) 정훈이는 신발 끈을 꽉 (매고 / 메고) 달려갔어요.

(4) 명운이가 무거운 가방을 (매고 / 메고) 낑낑대며 걸어가요.

| 찧다 | : 곡식 등을 절구에 넣고 공이로 내리치다. |
| 찢다 | : 종이나 천 등을 잡아당겨 갈라지게 하다. |

(5) 윤진이가 스케치북 한 장을 (찧어 / 찢어) 예쁜 그림을 그려 주었어요.

(6) 할머니께서 봉숭아 꽃을 (찧어 / 찢어) 손톱을 물들여 주셨어요.

6 비슷한말

✏️ **밑줄 친 낱말의 비슷한말을 빈칸에 쓰세요.**

(1) ┌ 대훈이와 저는 아주 어릴 때부터 알고 지낸 <u>친구</u>예요.
　　└ 주희는 제가 전학을 와서 처음으로 사귄 | 동 | 무 | 예요.

(2) ┌ 이 버스는 <u>탑승</u> 인원이 45명이나 돼요.
　　└ 이 기차는 | 승 | 차 | 요금이 비싸요.

(3) ┌ 재환이는 <u>화</u>가 나서 돌멩이를 발로 찼어요.
　　└ 민주는 | 골 | 이 나서 무서운 눈으로 저를 노려보았어요.

(4) ┌ 길을 걷는데 제 앞에서 <u>끔찍한</u> 교통사고가 일어났어요.
　　└ 전쟁과 같이 | 참 | 혹 | 한 | 일은 결코 일어나서는 안 돼요.

(5) ┌ 이 책에는 저에게 <u>유익한</u> 내용이 많아요.
　　└ 이 음식에는 우리 몸에 | 이 | 로 | 운 | 성분이 많이 들어 있어요.

7 바르게 쓰기

 밑줄 친 낱말을 바르게 고쳐 쓰세요.

(1) <u>볏집</u>과 갈대로 지붕을 덮은 집을 초가집이라 해요.

(2) 우리 집 마당에 <u>자주빛</u> 꽃이 예쁘게 폈어요.

(3) 책상 위에 먼지가 <u>수북히</u> 쌓여 있어요.

(4) <u>떼약볕</u>에 오래 서 있으니 머리가 어지러워요.

(5) 재은아, 내가 <u>수수깨키</u> 하나 낼 테니 맞혀 봐.

(6) 어머니께서 끓여 주신 <u>됀장찌게</u>가 맛있어요.

8 십자말풀이

✏️ 가로 열쇠와 세로 열쇠를 잘 읽고, 빈칸을 채우세요.

	(2) 장			(7)
			(6)	
(3)			랑	
		(5)		
(4)		지		

가로 열쇠

(1) 사람이 많이 사는 지방이나 지역.

(3) 한집에서 함께 살면서 밥을 같이 먹는 사람. 비 가족

(4) 오래된 건축물·무덤 등이 있거나, 역사적 사건이 일어났던 장소.

(5) 옛날에, 신분이 낮아 남의 집에서 천한 일을 하던 사람을 이르는 말.

(6) 어떤 사물이 지닌 쓸모나 값.

세로 열쇠

(2) 몸에 멋을 내려고 쓰는 여러 가지 물건. 반지, 팔찌, 귀걸이 등이 있다.

(3) 음식을 만드는 데 사용하는 기름.

(5) 지붕이나 벽 등으로 가리지 않은 땅.

(6) 가늘게 내리는 비.

(7) 사람이나 탈것 등을 강제로 끌고 감.

제 8 과 중요한 내용을 찾아요(2)

1 그림 보고 낱말 맞히기

 그림과 설명을 보고 알맞은 낱말을 빈칸에 쓰세요.

(1) 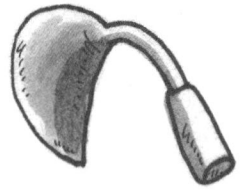 풀을 뽑거나 감자, 고구마 등을 캘 때에 쓰는 기구.

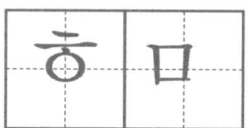

(2)  우리나라 전통 집에서, 방과 방 사이나 방 앞에 땅바닥과 사이를 띄워 길쭉한 널빤지를 깔아 놓은 곳.

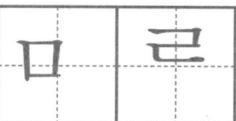

(3)  공기 중에 기체 상태로 있던 물이 기온이 내려가거나 찬 물체에 닿아 뭉쳐져서 만들어진 물방울.

(4)  주둥이는 길고 뾰족하며, 네 다리가 짧고 발바닥은 넓적한 동물. 땅속에 굴을 파고 산다.

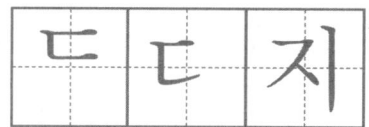

2 무슨 뜻일까요?

✏️ 밑줄 친 낱말의 뜻을 찾아 번호를 쓰세요.

(1) 아름드리나무가 그늘을 만들어 주었어요.　　　　　　　(　)

　　① 땅 위에 솟아나서 한두 해쯤 자란 나무.

　　② 두 팔을 둥글게 모아도 잡을 수 없을 정도로 둘레가 아주 긴 나무.

　　③ 줄기가 곧게 뻗어 아주 높게 자란 나무.

(2) 삭힌 메주로 된장을 만들어요.　　　　　　　　　　　　(　)

　　① 발효시켜 맛이 들게 한.

　　② 만든 지 얼마 되지 않은.

　　③ 남에게서 빌려 온.

(3) 민석이가 우리 모둠의 회의를 주도하였어요.　　　　　　(　)

　　① 남의 일을 참견하고 막아 해를 끼쳤어요.

　　② 처리하여 마무리했어요.

　　③ 앞장서 이끌었어요.

(4) 꺼내어 놓은 지 오래되어 떡이 꾸덕꾸덕해요.　　　　　(　)

　　① 푹 익어서 물기가 많고 단단하지 않아요.

　　② 울퉁불퉁한 데가 없이 매끄러워요.

　　③ 물기가 있는 겉면이 조금 마르거나 얼어서 꽤 굳어 있어요.

3 바꾸어 쓰기

 밑줄 친 부분을 한 낱말로 바꾸어 쓰세요.

(1) 이 공원은 사람들에게 <u>하던 일을 멈추고 잠깐 쉬는 곳</u>으로 최고예요.

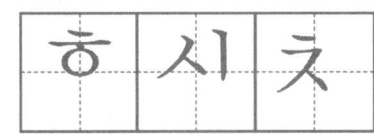

(2) 광수는 노래방에 가서 노래를 <u>할 수 있는 데까지</u> 불렀어요.

(3) 음식에 소금을 <u>정도에 알맞게</u> 넣으니 맛이 아주 좋아요.

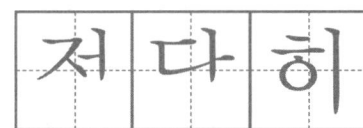

(4) 외국 문화 때문에 <u>원래부터 가지고 있어 특별한</u> 우리 문화가 사라지고 있어요.

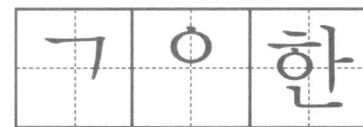

(5) 숲에 가면 <u>주변이 둘러싸여 조용하고 편안한</u> 느낌이 들어 기분이 좋아져요.

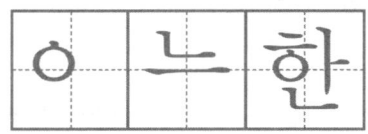

4 무슨 낱말일까요?

✏️ 빈칸에 알맞은 낱말을 넣어 문장을 완성하세요.

(1) 자 ㅁ 를 대비하여 예쁜 장화를 샀어요.

* 여름철에 여러 날을 계속해서 비가 내리는 일.

(2) 라희는 박물관을 구경하면서 적은 ㅁ ㅁ 를 공책에 정리했어요.

* 잊지 않기 위해서나 남에게 전하기 위해서 짤막하게 남긴 글.

(3) 할머니께서 ㅈ 도 에서 꺼내신 된장으로 맛있는 찌개를 끓여 주셨어요.

* 된장이나 고추장 등을 담기 위해 진흙으로 만든 그릇.

(4) 이 지역은 바다와 가까워 옛날부터 ㅁ 여 이 발달했어요.

* 나라와 나라 사이에 서로 물건을 사고파는 일.

(5) 우리 고장에는 서 ㅇ 을 포함하여 다양한 유적지가 있어요.

* 조선 시대에, 선비들이 모여서 학문을 연구하고 훌륭한 사람들을 제사 지내던 곳.

(6) 매미는 나무의 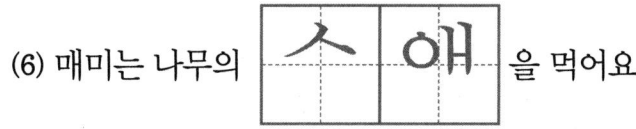 을 먹어요.

* 땅속에서 나무의 줄기를 통하여 잎으로 올라가는 액체.

(7) 종성이는 우리 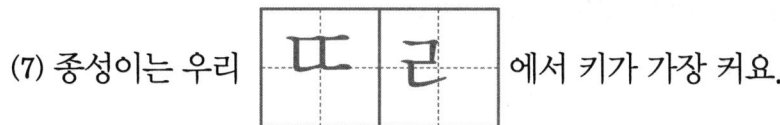 에서 키가 가장 커요.

* 나이나 수준이 서로 비슷한 무리.

(8) 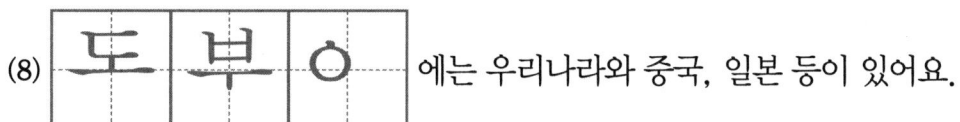 에는 우리나라와 중국, 일본 등이 있어요.

* 아시아의 동북쪽 지역.

(9) 고양이는 쥐의  이에요.

* 잡아먹히는 생물에 상대하여 잡아먹는 생물을 이르는 말.

(10) 어부들은 바다를 생활의 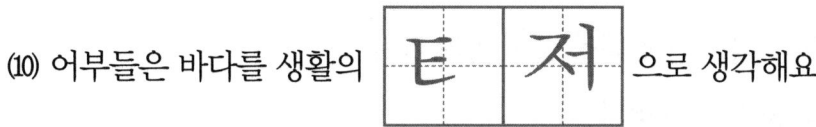 으로 생각해요.

* 생활의 본바탕이 되는 곳.

(11) 이 집은 우리 가족의 새로운 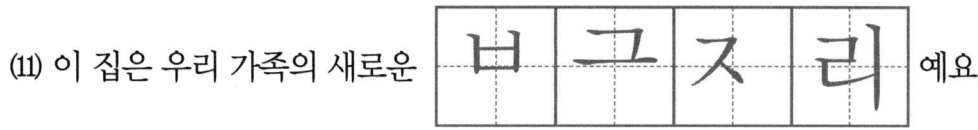 예요.

* 지내기에 매우 포근하고 편안한 곳을 비유적으로 이르는 말.

5 같은 소리, 다른 뜻

✏️ **밑줄 친 낱말의 뜻을 찾아 번호를 쓰세요.**

기호
① 어떤 뜻을 나타내기 위한 여러 가지 표시.
② 즐기고 좋아함.

(1) 아이들은 각자 기호에 맞게 빵을 골랐어요. ( )

(2) 덧셈에 사용하는 기호는 '+'예요. ( )

포기
① 뿌리를 단위로 한 풀이나 나무 하나하나.
② 하려던 일을 도중에 그만두어 버림.

(3) 바닥에 배추 포기가 버려져 있어요. ( )

(4) 무슨 일이 있어도 절대 포기란 없어. ( )

타다
① 탈것이나 짐승 등에 몸을 실어 옮겨 가다.
② 돈이나 물건 등을 받다.
③ 액체에 적은 양의 다른 액체나 가루 등을 넣어 섞다.

(5) 따뜻한 우유에 초콜릿 가루를 타니 맛이 좋아요. ( )

(6) 저는 용돈을 어머니께 타서 써요. ( )

(7) 유정이는 버스를 타고 집에 가요. ( )

| 정체 | ① 사람이나 사물이 원래 가지고 있는 모양이나 특성.
② 도로가 많은 차로 막혀 차들이 제대로 오가지 못함. |

(8) 정체를 알 수 없는 큰 새들이 하늘 높이 날아다녀요.　　　　　(　)

(9) 공원 앞 도로는 아침만 되면 차가 많아 정체가 심해요.　　　　(　)

| 표 | ① 같은 종류의 다른 사물과 구별할 수 있도록 하는 그 사물만의 특징.
② 어떤 내용을 적어 증거가 되게 한 쪽지. 기차표, 입장권 등이 있다.
③ 어떤 내용을 일정한 형식과 순서에 따라 보기 쉽게 나타낸 것. |

(10) 우리는 표를 끊고 설레는 마음으로 동물원에 입장했어요.　　　(　)

(11) 이 표에는 우리 반 출석에 관한 내용이 보기 쉽게 정리되어 있어요.　(　)

(12) 이 책은 누가 봤다는 표가 확실하게 나요.　　　　　　　　　(　)

| 말리다 | ① 젖은 물체의 물기를 없애다.
② 다른 사람이 하려는 행동을 못하게 하다.
③ 넓적한 종이 등이 돌돌 감겨 겹치게 되다. |

(13) 세탁기에서 꺼낸 빨래는 햇볕에 말려야 해요.　　　　　　　　(　)

(14) 아버지께서는 돌돌 말린 신문지로 벽에 앉은 모기를 잡으셨어요.　(　)

(15) 친구들 모두가 정하와 주성이의 싸움을 말리느라 정신이 없었어요.　(　)

6 낱말 뜻풀이

 빈칸에 알맞은 말을 넣어서 밑줄 친 낱말의 뜻을 풀이하세요.

(1) 저는 버스를 탈 때에 풍경을 볼 수 있는 창가 <u>좌석</u>을 좋아해요.

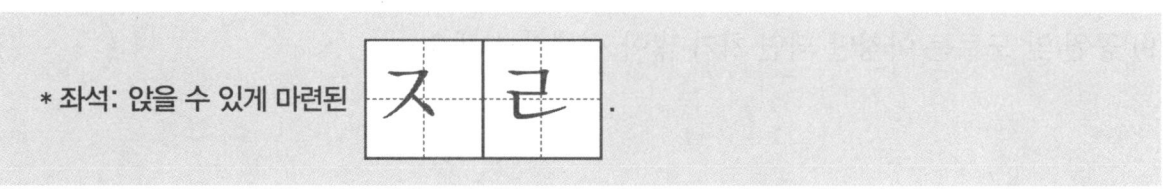
* 좌석: 앉을 수 있게 마련된 [자 리].

(2) 할아버지와 할머니는 <u>통일</u>이 될 날을 손꼽아 기다리고 계세요.

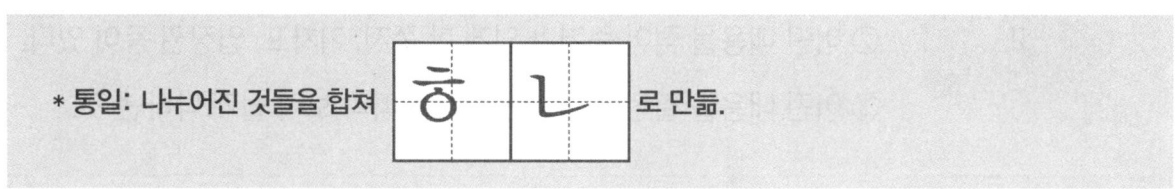
* 통일: 나누어진 것들을 합쳐 [하 나]로 만듦.

(3) 우리 도시에서 열리는 <u>축제</u>에 많은 사람이 참여했어요.

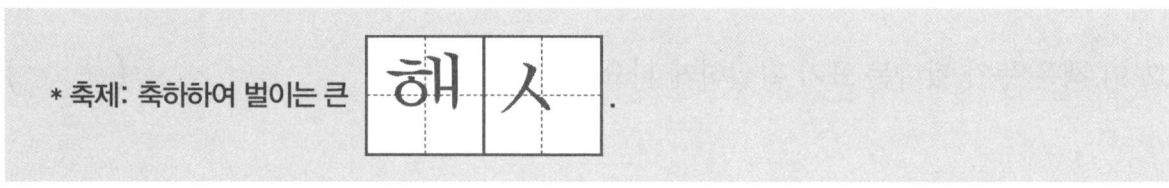
* 축제: 축하하여 벌이는 큰 [행 사].

(4) 작은아버지는 저에게 항상 <u>조언</u>을 아끼지 않으세요.

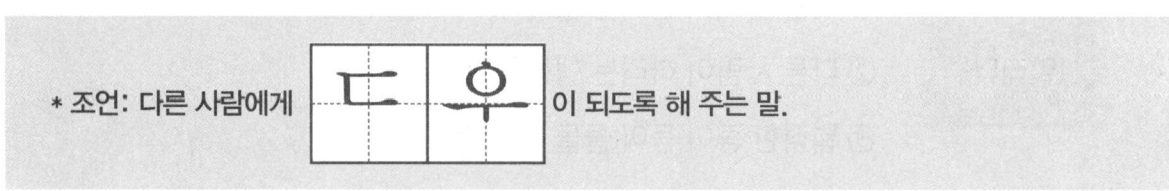
* 조언: 다른 사람에게 [도 움]이 되도록 해 주는 말.

(5) 동생은 아버지께 장난감을 사 달라고 <u>조르다</u> 꾸중만 들었어요.

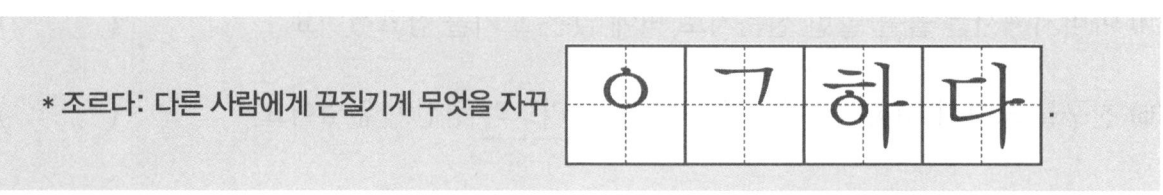
* 조르다: 다른 사람에게 끈질기게 무엇을 자꾸 [요 구 하 다].

7 원고지 쓰기

 다음 문장을 괄호 안의 횟수만큼 띄워서 원고지에 옮겨 쓰세요.

(1) 물건이잘안팔려걱정이에요. (4)

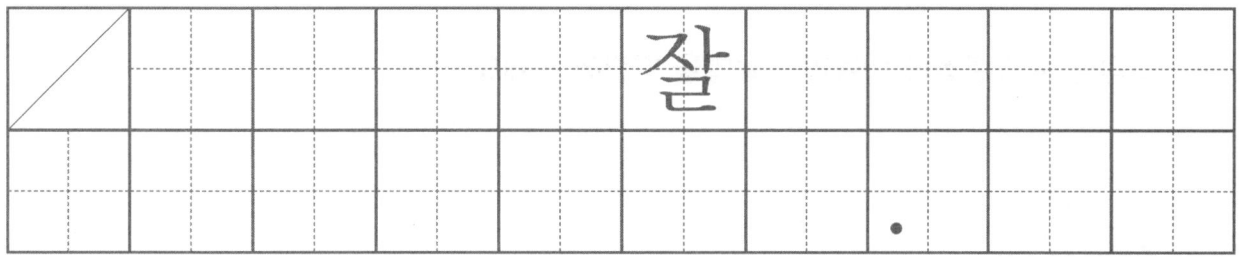

(2) 외출후돌아와가장먼저해야할일은손씻기예요. (9)

(3) 제새자전거가생긴건한달도더전이에요. (8)

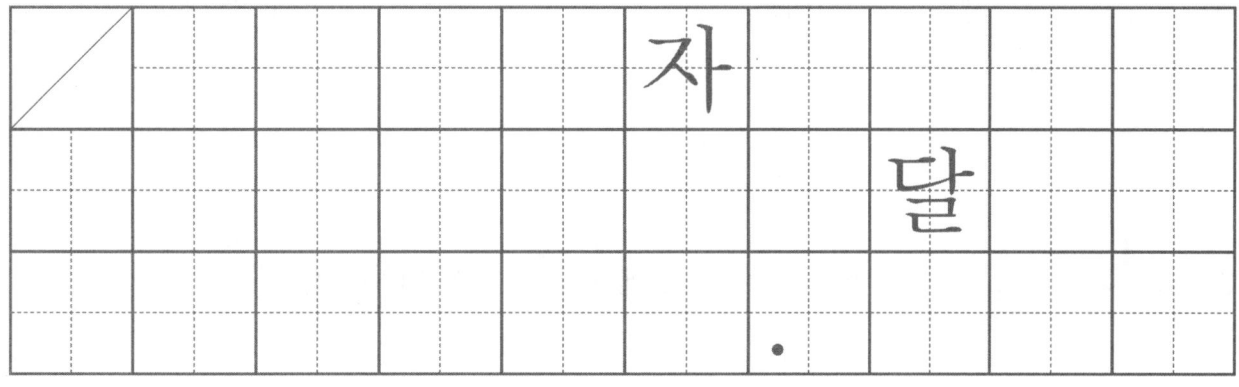

제 9 과 인물에게 마음을 전해요(1)

1 열매

✏️ 그림을 보고 문장에 어울리는 낱말을 빈칸에 쓰세요.

(1) 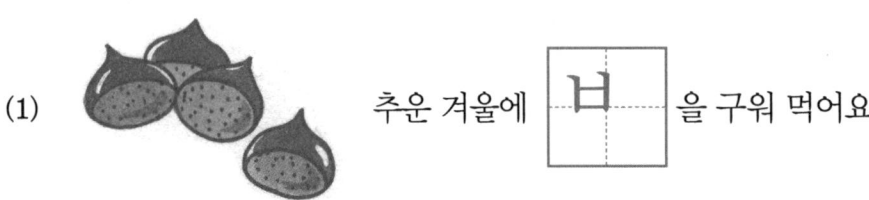 추운 겨울에 ㅂ 을 구워 먹어요.

(2) 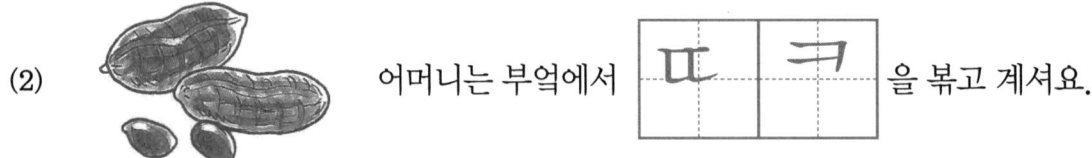 어머니는 부엌에서 ㅍ ㅋ 을 볶고 계셔요.

(3) 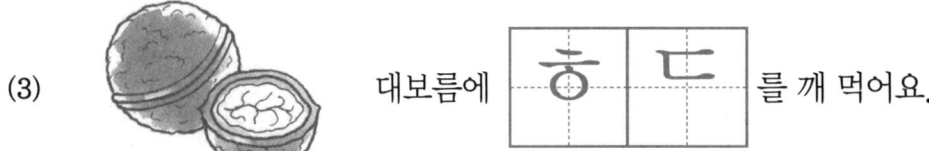 대보름에 ㅎ ㄷ 를 깨 먹어요.

(4) 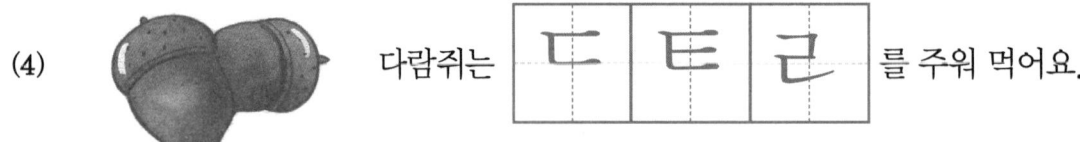 다람쥐는 ㄷ ㅌ ㄹ 를 주워 먹어요.

(5) 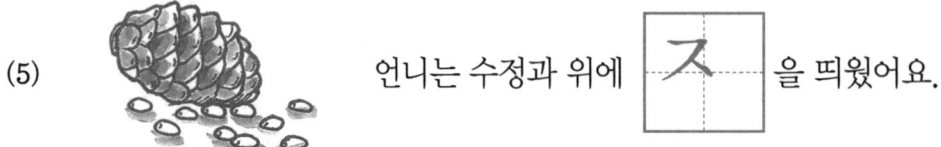 언니는 수정과 위에 ㅈ 을 띄웠어요.

2 꾸며 주는 말

✏️ 빈칸에 꾸며 주는 말을 알맞게 넣어 문장을 자세히 표현하세요.

(1) 지수는 옆 동네에 사는 선영이와 ㅈㅈ 만나서 놀아요.

* 시간적·공간적 간격이 얼마쯤씩 있게. 예 가끔

(2) 오늘은 많이 놀았으니 ㅇㅁ 집으로 돌아가자.

* 이 정도로 하고.

(3) 가게에 갓 구운 빵 냄새가 퍼졌어요.

* 이제 막.

(4) 현우는 방을 ㄷ가 치우고 놀러 나갔어요.

* 꼼꼼하지 않고 적당히 간단하게.

(5) 지혜는 ㅇ지 화가 나 보였어요.

* 분명한 이유도 없이.

3 무슨 낱말일까요?

✏️ 빈칸에 알맞은 낱말을 넣어 문장을 완성하세요.

(1) 태웅이는 철봉에서 금방 떨어지지 않고  있게 버텼어요.

　　* 쉽게 포기하지 않고 끈질기게 견디어 나가는 기운.

(2) 베짱이는 놀고먹는 게 자신의 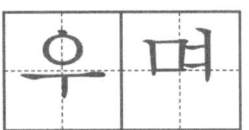 이라며 하루 내내 노래만 불렀어요.

　　* 이미 정해져 있는 목숨이나 상황.

(3) 친구와 싸우고 나서 설희는 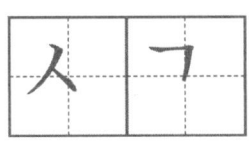 편지를 썼어요.

　　* 자기의 잘못을 인정하고 용서를 구함.

(4) 운동선수들은 날마다 땀을 흘려 가며 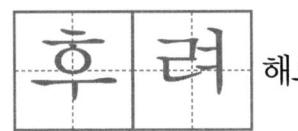 해요.

　　* 기술이나 동작 등을 되풀이하여 익힘.

(5) 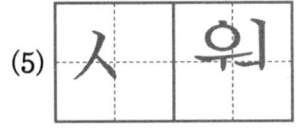 이 지나면 우리도 어른이 될 거야.

　　* 흘러가는 시간.

(6) 주찬이는 어디로 갈지 정하지 않고 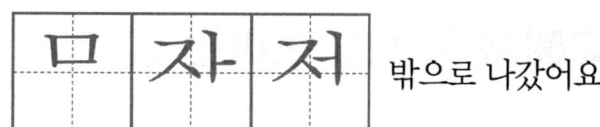 밖으로 나갔어요.

　* 어떻게 할지 미리 정한 것 없이.

(7) 소방관은 환자를  에 눕혔어요.

　* 환자나 물건을 실어 나르는 기구. 천 등의 양쪽 끝에 긴 막대기를 대어 앞뒤에서 두 사람이 마주 든다.

(8) 의사 선생님은 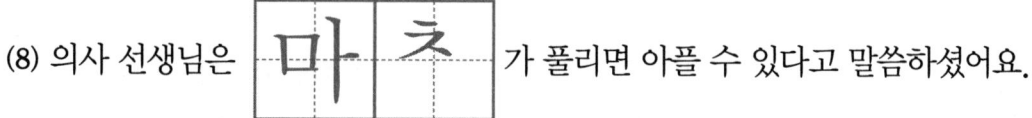 가 풀리면 아플 수 있다고 말씀하셨어요.

　* 약 등을 이용하여 얼마 동안 정신이나 감각을 잃게 함.

(9) 부모님의 어린 시절 모습이  사진으로 남아 있어요.

　* 검은색의 정도 차이로 이루어진 것.

(10) 언니가 중학생이 된 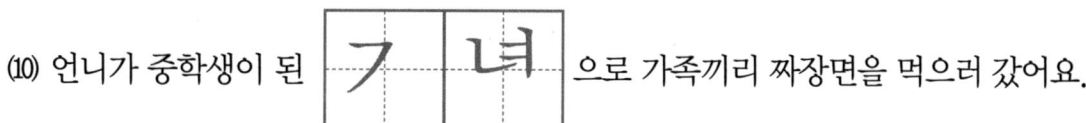 으로 가족끼리 짜장면을 먹으러 갔어요.

　* 어떤 중요한 일이나 훌륭한 인물 등을 오래도록 잊지 않고 마음에 간직함.

(11) 추석에 할머니께서 직접 만드신  를 마셨어요.

　* 우리나라 전통 음료. 밥알이 들어 있고 단맛이 난다.

4 외국에서 들어와 쓰이는 말

 다음 그림과 설명을 보고, 외국에서 들어와 쓰이는 말을 빈칸에 쓰세요.

(1)

서양식 윗옷. 옷 안에 받쳐 입거나 겉옷으로 입기도 한다.

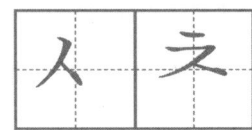

(2)

흰색 사각형과 검은색 사각형이 번갈아 있는 판 위에서 말을 움직여 상대방의 왕을 못 움직이게 하는 서양 놀이.

(3)

밀가루에 버터, 우유 등을 섞어 반죽해 구운 빵. 물기가 매우 적어 퍽퍽하지만 고소하고 담백한 맛이 난다.

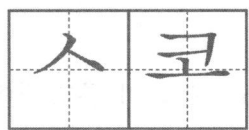

(4)

입으로 불어서 소리를 내는 악기. 구멍이 앞쪽에 일곱 개, 뒤쪽에 한 개 있다.

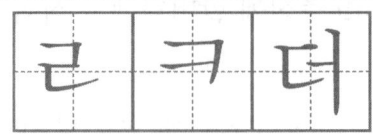

5 인물의 성격을 파악해요

다음은 이야기를 읽고 인물의 성격을 파악하는 방법입니다. 빈칸에 알맞은 낱말을 쓰세요.

(1) 성격이란 ㄱ ㅇ 이 가지고 있는 성질이나 성품을 말해요.

  * 국가나 사회 등을 이루는 사람 하나하나.

(2) 한 인물에게 ㅇ ㄹ 성격이 있을 수 있어요.

  * 한둘이 아니고 많은.

(3) 글에서 인물의 성격을 나타내는 ㄴ ㅁ 을 살펴봐요.

  * 분리되어 혼자 쓰일 수 있는 말. ❶ 단어

(4) 상황에 따른 말과 행동으로 인물의 성격을 ㅈ ㅈ 할 수 있어요.

  * 어떤 상황을 보고 미루어 생각할.

(5) 이야기가 진행되면서 인물의 성격에 ㅂ ㅎ 가 있는지 확인해요.

  * 성질, 상태 등이 바뀌어 달라짐.

6 성격을 나타내는 말

 빈칸에 성격을 나타내는 말을 알맞게 쓰세요.

(1) 정호는 늘 미소를 짓고 있을 정도로 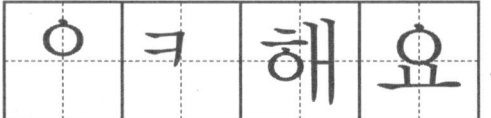.

　＊ 마음이 즐겁고 활발해요.

(2) 지은이는 친구들 모두에게 친절히 대할 만큼 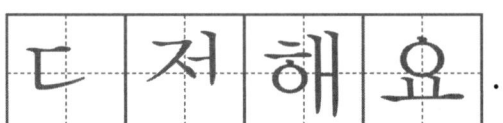.

　＊ 정이 많고 마음이 따뜻해요.

(3) 현주는 갑작스러운 일이 생겨도 .

　＊ 당황하지 않고 차분해요.

(4) 동생은 부끄러움이 많고 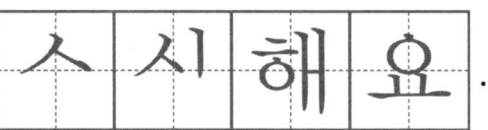.

　＊ 용감하지 못하고 조심성이 많아요.

(5) 아버지께서는 예절 교육에 .

　＊ 작은 잘못도 용서하지 않을 정도로 바르고 빈틈이 없으세요.

7 반대말

✏️ **밑줄 친 낱말의 반대말을 빈칸에 쓰세요.**

(1)
- 아이들은 이 나라의 <u>희망</u>이에요.
- 경기에서 져서 우리 팀은 | 저 | 망 | 에 빠졌어요.

(2)
- 민규는 병이 다 나아서 <u>퇴원</u>했어요.
- 지혜는 과자를 사 들고 | 입 | 원 | 한 친구를 찾아갔어요.

(3)
- 어머니는 아기를 보자기로 <u>감아</u> 조심히 안으셨어요.
- 서호는 실을 열심히 | 풀 | 어 | 연을 높이 띄웠어요.

(4)
- 꽉 찬 책가방을 <u>비우고</u> 새로 산 필통을 넣었어요.
- 상자에 사탕을 가득 | 채 | 우 | 고 | 예쁘게 포장했어요.

(5)
- 유리병은 <u>약해서</u> 떨어뜨리면 쉽게 깨져요.
- 이가 | 튼 | 튼 | 해 | 서 | 사탕을 으드득으드득 깨물어 먹었어요.

8 바르게 쓰기

✏️ 밑줄 친 말을 바르게 고쳐 쓰세요.

(1) 네가 일찍 오다니, 이게 <u>왠일이야</u>.

(2) 희성이는 해변에서 소라 <u>껍대기</u>를 주웠어요.

(3) 명호는 자기 잘못을 <u>곰곰히</u> 생각해 봤어요.

(4) 오빠는 무거운 짐을 트럭으로 <u>옴겼어요</u>.

(5) 너에게 이 사탕을 <u>줄께</u>.

(6) 수연이는 얘기 끝에 자신의 소원을 <u>덧부쳐</u> 말했어요.

제 10 과 인물에게 마음을 전해요(2)

1 그림 보고 낱말 맞히기

 다음 그림과 설명을 보고 알맞은 낱말을 빈칸에 쓰세요.

(1)

불에서 나는 연기가 밖으로 빠져나가도록 만든 장치.

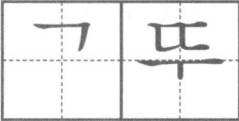
| 구 | 뚝 |

(2)

새가 알을 낳거나 들어가 사는 곳.

| 둥 | 지 |

(3)

산에서 뾰족하게 높이 솟은 부분.

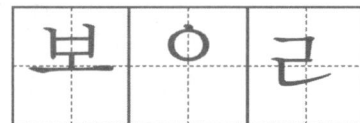
| 보 | 우 | 리 |

(4)

어떤 사실을 알리기 위해 일정한 표시를 해 놓은 판.

| 표 | 지 | 판 |

2 다의어

✏️ **뜻을 둘 이상 지닌 낱말을 다의어라고 합니다. 밑줄 친 낱말의 뜻을 찾아 번호를 쓰세요.**

까먹다
① 껍질이나 껍데기 등을 벗기거나 깨뜨려 속에 든 것을 먹다.
② 어떤 사실이나 내용을 잊어버리다.

---

(1) 토끼는 집으로 돌아가는 길을 까먹었어요. ( )

(2) 다람쥐는 배고파서 도토리를 까먹었어요. ( )

짓다
① 한데 모여 줄이나 떼를 이루다.
② 거짓으로 꾸미다.

---

(3) 중학생처럼 보이는 학생들이 무리를 지어 걸어갔어요. ( )

(4) 피노키오는 당황하지 않고 거짓말을 지어서 둘러댔어요. ( )

치다
① 손이나 물건 등을 부딪쳐 소리 나게 하다.
② 팔이나 다리를 힘 있게 저어서 움직이다.
③ 속이는 짓이나 짓궂은 행동을 하다.

---

(5) 혜원이는 수영장에서 헤엄을 치며 놀았어요. ( )

(6) 진호는 친구와 장난을 치다가 선생님께 혼났어요. ( )

(7) 희원이는 손뼉을 치며 큰 소리로 웃었어요. ( )

3 높임 표현을 사용하는 네 가지 방법

1. 높임을 표현하는 특별한 낱말을 사용합니다.

   ① 상대를 높이는 뜻이 있는 낱말을 사용합니다.

   예) 이름 → 성함, 주다 → 드리다

   ② 자신을 낮추는 뜻이 있는 낱말을 사용합니다.

   예) 나 → 저, 우리 → 저희

 높임을 올바로 표현한 낱말에 동그라미 하세요.

(1) 선희는 할아버지의 [나이 / 연세]를 알아요.

(2) 어머니, [나 / 저]는 커서 요리사가 될래요.

(3) 나는 할머니를 [데리고 / 모시고] 병원에 갔다.

(4) 선생님, 이 물건은 [우리 / 저희]가 치울게요.

2. 높임의 대상에게 '-께서'나 '-께'를 사용합니다.
  예) 선생님이 광수를 부르셨다. → 선생님께서 광수를 부르셨다. (이/가 → 께서)
  어머니에게 꽃을 드렸다. → 어머니께 꽃을 드렸다. (에게 → 께)

 밑줄 친 부분을 높임말로 고쳐 쓰세요.

(5) 저기 <u>선생님이</u> 가신다.

(6) 이것은 <u>어머니에게</u> 드릴 선물이야.

3. '-습니다' 또는 '요'를 써서 문장을 끝맺습니다.
  예) 아버지, 학교에 다녀왔다. → 아버지, 학교에 다녀왔습니다.
4. 높임을 나타내는 '-시-'를 넣습니다.
  예) 어머니께서 여행을 간다. → 어머니께서 여행을 가신다.

 밑줄 친 부분을 높임말로 고쳐 쓰세요.

(7) 어머니, <u>사랑해</u>.

(8) 아버지께서 언제 <u>오니</u>?

✏️ **밑줄 친 부분을 높임말로 고쳐 문장을 다시 쓰세요.**

(9) 어머니는 청소를 <u>하면서</u> 노래를 부르셨습니다.

_____

(10) 선생님, 가르쳐 <u>주어서</u> <u>고마워</u>.

_____

(11) 할아버지, <u>밥</u> <u>먹어</u>.

_____

(12) 할머니, <u>물어볼</u> 것이 있습니다.

_____

(13) 부모님<u>에게</u> 카네이션을 달아 <u>줄</u> 거야.

_____

(14) <u>선생님이</u> 너 오라고 <u>했어</u>.

_____

4 편지글과 높임말

 편지를 읽고 밑줄 친 곳을 높임법에 맞게 고쳐 쓰세요.

---

(1) 할머니에게

할머니, 안녕하세요?

지난번에 할머니께서 보내 주신 사과 맛있게 잘 먹었어요. (2) 내가 형보다 더 많이 먹었어요. 언제나 맛있는 음식을 챙겨 주시고 저희를 사랑해 주셔서 감사합니다. 할머니 (3) 생일이 다음 주에 있죠? 정말 축하드려요. 이번 주말에 가족들과 함께 내려갈게요. 얼른 토요일이 와서 할머니를 (4) 보고 싶어요.

그럼, 안녕히 계세요.

20○○년 ○○월 ○○일

(5) 상우가

---

(1) 할머니에게 →

(2) 내가 →

(3) 생일 →

(4) 보고 →

(5) 상우가 →

5 동작을 나타내는 말

✏️ 빈칸에 동작을 나타내는 말을 알맞게 넣어 문장을 완성하세요.

(1) 할아버지께서는 나무에 달린 사과를 따서 상자에 담으셨어요.

* 붙어 있는 것을 잡아떼서.

(2) 요리사는 레몬을 짜서 그 즙을 음식에 넣었어요.

* 누르거나 비틀어서 물기나 기름 등을 빼내서.

(3) 누나는 마당에 빨래를 널고 방으로 들어갔어요.

* 햇볕을 쬐거나 바람을 쐬기 위하여 펼쳐 놓고.

(4) 예진이는 바닷가에서 모래성을 쌓으며 놀았어요.

* 재료를 차곡차곡 겹쳐서 얹어 무엇을 만들며.

(5) 동혁이는 산 정상에 깃발을 꽂고 소리를 질렀어요.

* 쓰러지거나 빠지지 않게 박아 세우거나 끼우고.

6 낱말 뜻풀이

빈칸에 알맞은 말을 넣어서 밑줄 친 낱말의 뜻을 풀이하세요.

(1) 민정이는 <u>겨우내</u> 입을 옷을 샀어요.

* 겨우내: ㄱ ㅜ 동안 계속해서.

(2) 아버지는 정원에서 나무가 잘 자라도록 <u>가지치기</u>를 하셨어요.

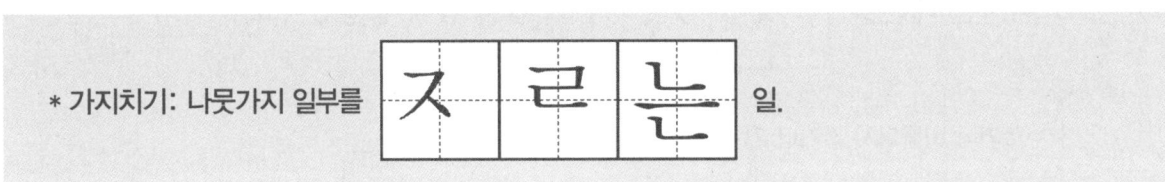
* 가지치기: 나뭇가지 일부를 ㅈ ㄹ ㄴ 일.

(3) 나는 그동안 무얼 위해 <u>애쓴</u> 걸까?

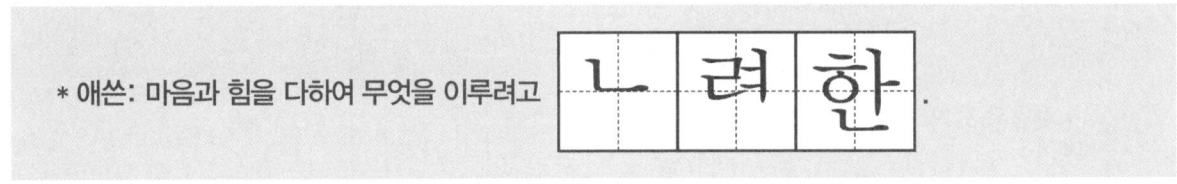
* 애쓴: 마음과 힘을 다하여 무엇을 이루려고 ㄴ 려 한.

(4) 길에서 봤던 고양이가 <u>무사하면</u> 좋겠어요.

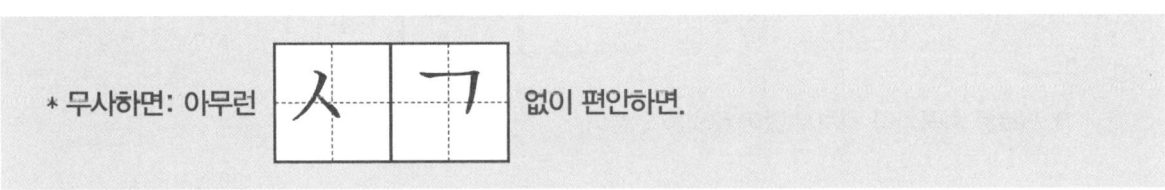
* 무사하면: 아무런 ㅅ ㄱ 없이 편안하면.

(5) 꿈을 무엇으로 정했든 나는 네 <u>자주적</u> 결정을 응원한다.

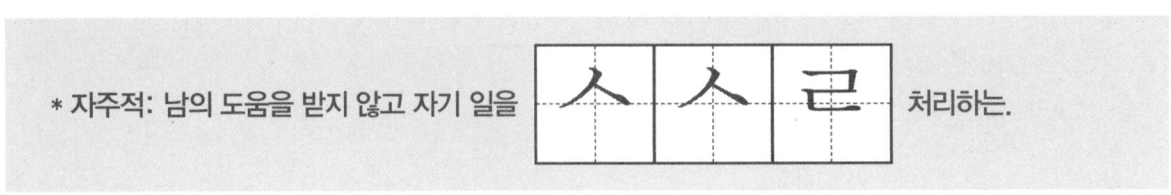
* 자주적: 남의 도움을 받지 않고 자기 일을 ㅅ ㅅ ㄹ 처리하는.

7 원고지 쓰기

✏️ **다음 문장을 괄호 안의 횟수만큼 띄워서 원고지에 옮겨 쓰세요.**

(1) 날마다달리기를할수는없었어요. (4)

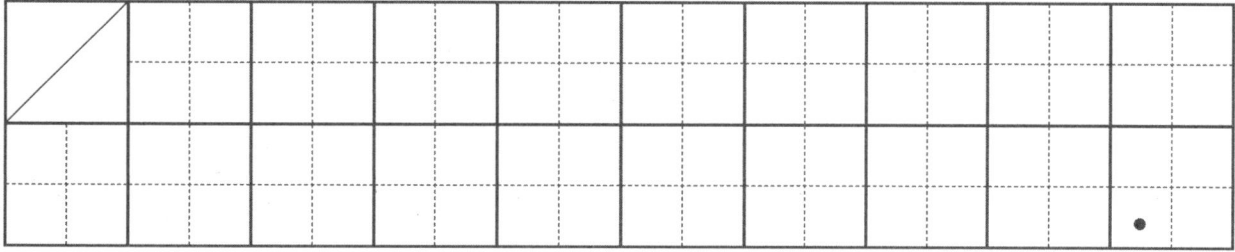

(2) 땅속에보물이묻혀있다고열번씩이나말했어요. (6)

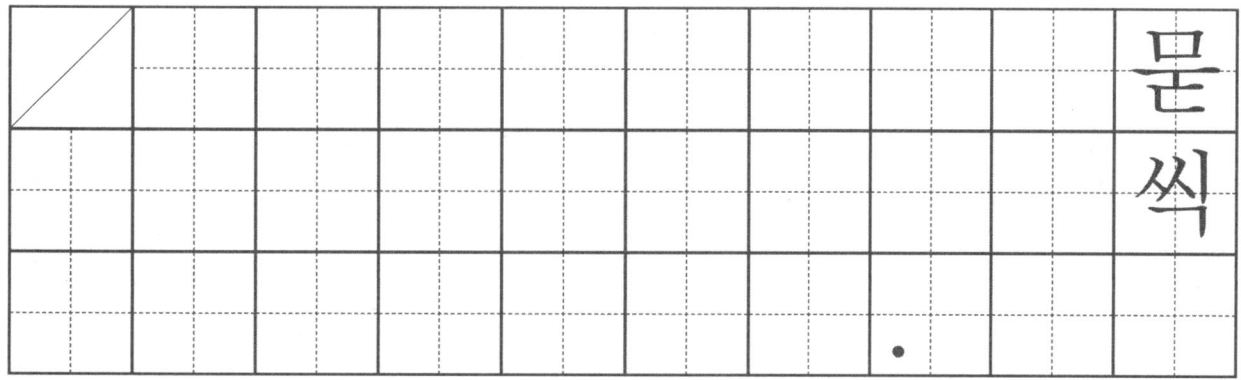

(3) 지난가을에만난적있다는그말을믿지않았어요. (7)

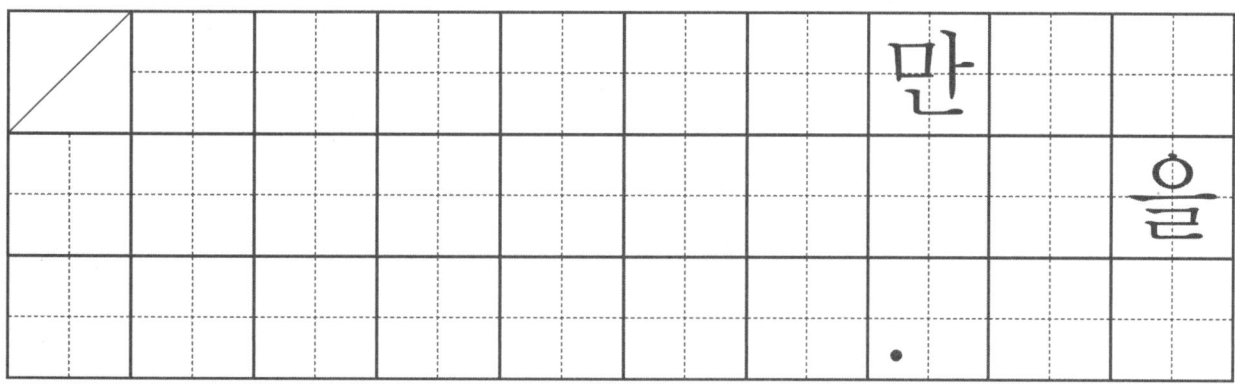

제11과 자신 있게 읽고 써요(1)

1 동물

 다음 그림과 설명을 보고 동물의 이름을 알맞게 쓰세요.

(1)
연분홍빛 몸에, 목과 다리가 길며, 부리와 다리가 붉은 동물. 물가에서 산다.

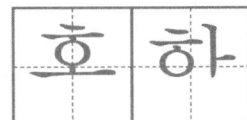
호 하

(2)
연하고 부드러운 몸에 더듬이가 나 있는 동물. 등에는 둥글게 말린 껍데기가 있다.

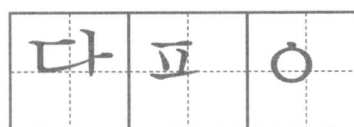
다 ㅍ ㅇ

(3)
날카롭고 단단한 부리로 나무에 구멍을 내어 그 속에 있는 벌레를 잡아먹는 동물.

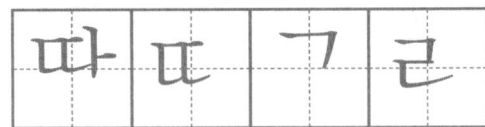
따 ㄸ ㄱ ㄹ

(4)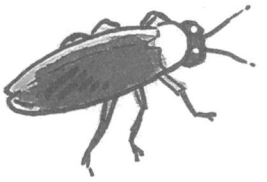
밤에 배에서 빛을 내는 동물. 보통 몸은 검은색, 앞가슴은 주황색이며, 개똥벌레라고도 불린다.

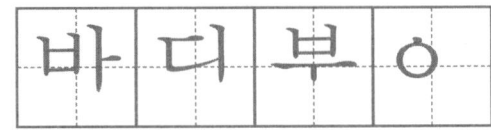
바 디 부 ㅇ

2 흉내 내는 말

✏️ **다음은 흉내 내는 말입니다. 빈칸에 흉내 내는 말을 알맞게 쓰세요.**

(1) 언니가 부르자 지우는 하던 일을 멈추고 [　　　] 달려갔어요.

 * 작은 발걸음을 빠르게 움직여 걷거나 따라다니는 모양.

(2) 예림이는 눈을 [　　　] 감고 노래를 부르기 시작했어요.

 * 슬며시 가볍게 힘을 주는 모양.

(3) 민주는 수줍어하며 [　　　] 걸어서 무대 위로 올라갔어요.

 * 어색하거나 부끄러워서 자꾸 주저주저하거나 머뭇거리는 모양.

(4) 종민이는 땅에 떨어진 쓰레기를 봉투에 [　　　] 담았어요.

 * 여기저기 널려 있는 물건을 하나하나 줍는 모양.

쭈뼛쭈뼛　　　쪼르르　　　주섬주섬　　　지그시

3 무슨 낱말일까요?

✏️ 빈칸에 알맞은 낱말을 넣어 문장을 완성하세요.

(1)  가 이해하기 쉽게 뜻을 풀어 썼어요.

* 책, 신문 등의 글을 읽는 사람.

(2) 어머니는 건강 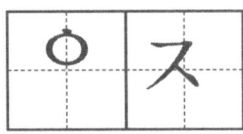 를 위해 매일 운동하세요.

* 어떤 상태나 상황을 그대로 보존하거나 변함없이 계속함.

(3) 종건이는 도서관에서 어떤 책을 빌릴지 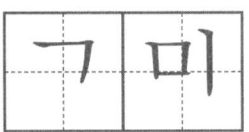 에 빠졌어요.

* 마음속으로 괴로워하고 속을 태움.

(4) 체육 대회에서 우리 반이 우승할 것이라는 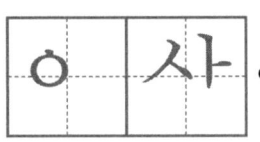 이 빗나갔어요.

* 어떤 일이 일어나기 전에 미리 한 생각.

(5) 소금은 우리에게 없어서는 안 될 소중한 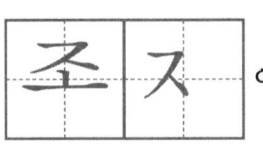 예요.

* 현실에 실제로 있는 것.

(6) 줄다리기를 할 때에는 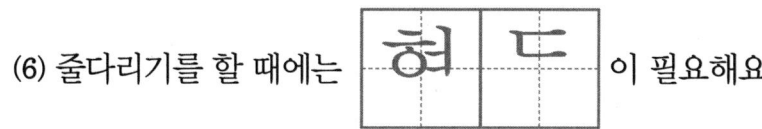 이 필요해요.

　* 서로 마음과 힘을 하나로 합함.

(7) 동현이는 아픈 친구를 대신해서 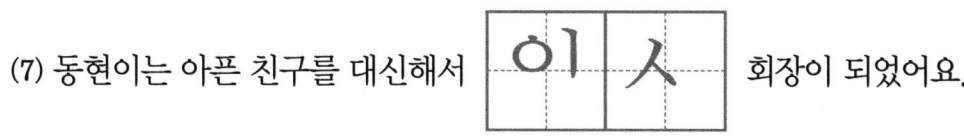 회장이 되었어요.

　* 미리 얼마 동안으로 정하지 않은 잠시 동안.

(8) 선생님은 원희를 불러 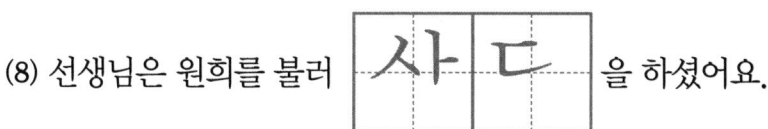 을 하셨어요.

　* 문제를 해결하거나 궁금증을 풀기 위하여 서로 의논하거나 묻고 답함.

(9) 서호는 매일 30분씩 운동하기로 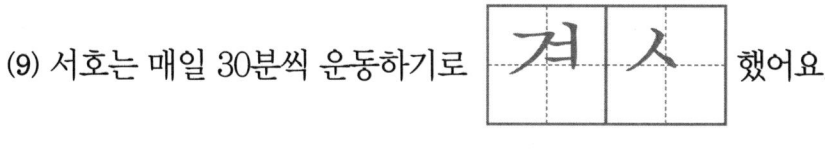 했어요.

　* 어떻게 하기로 마음을 굳게 정함.

(10) 할머니께서는 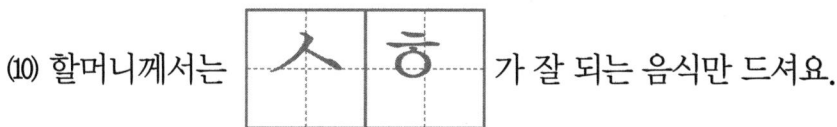 가 잘 되는 음식만 드셔요.

　* 먹은 음식물을 작게 부수어 영양분을 흡수하기 쉬운 형태로 변화시키는 일.

(11) 경문이는 달리기 대회에서 처음 우승해서 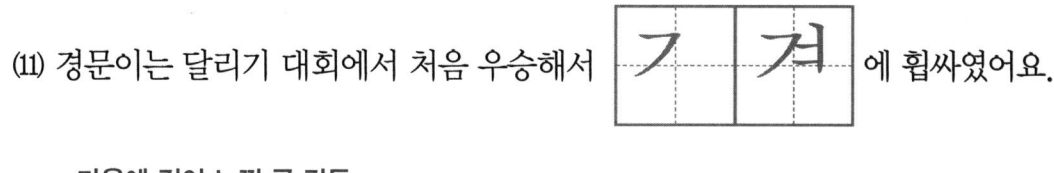 에 휩싸였어요.

　* 마음에 깊이 느낀 큰 감동.

4 준말

아이(본딧말) → 애(준말)

사이(본딧말) → 새(준말)

낱말의 한 부분을 줄여서 나타내기도 합니다. 이때, 줄어들기 전의 말을 '본딧말'이라고 하고, 줄어든 말을 '준말'이라고 합니다.

✏️ 밑줄 친 말의 올바른 준말을 찾아 번호를 쓰세요.

(1) 이 아이는 내 친구 김민석이다. (　　)

　① 애　　　　　　　　　　　② 예

(2) 나는 저 아이를 만난 적이 없다. (　　)

　① 재　　　　　　　　　　　② 제

(3) 그 아이는 작년에 나랑 같은 반이었다. (　　)

　① 걔　　　　　　　　　　　② 계

✏️ 밑줄 친 낱말을 본딧말로 풀어 쓰세요.

(4) 할머니께서 재미있는 <u>얘기</u>를 들려주셨다.

(5) <u>요새</u> 갑자기 날씨가 추워졌다.

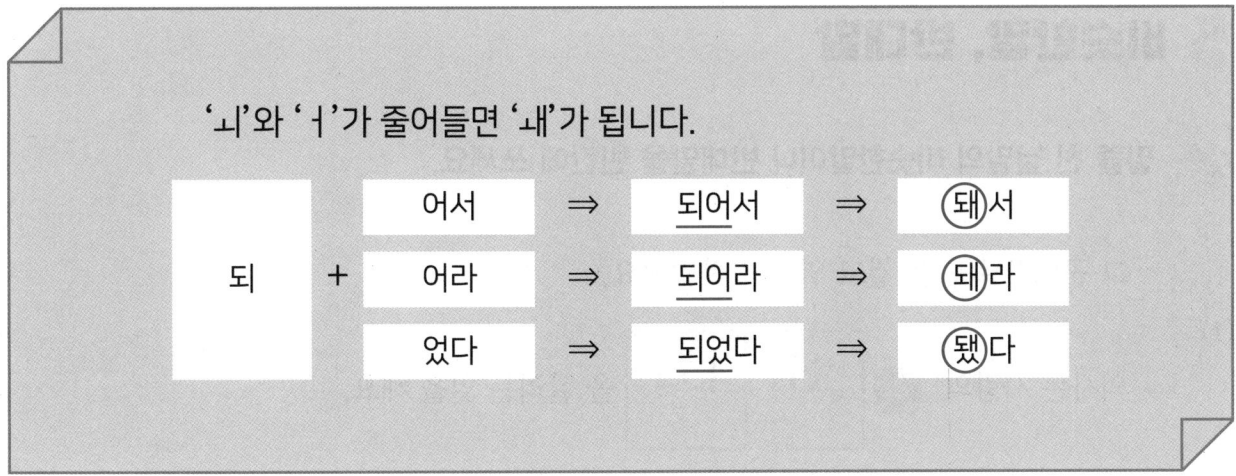

✏️ **밑줄 친 말을 준말로 바꿔 쓰세요.**

(6) 아침마다 운동한 지 삼 주가 다 <u>되어</u> 간다.

(7) 어려운 이웃을 도와주는 사람이 <u>되어라</u>.

(8) 내 동생은 올해 일곱 살이 <u>되었다</u>.

✏️ **빈칸에 '돼'나 '되'를 넣어 알맞은 낱말을 쓰세요.**

(9) 어머니께서는 걱정이 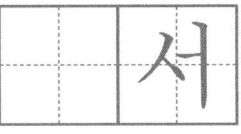 이모께 전화를 하셨다. 하지만 이모께서 계속 통화 중이셔서 전화 연결이  않았다.

5 비슷한말, 반대말

✏️ **밑줄 친 낱말의 비슷한말이나 반대말을 빈칸에 쓰세요.**

(1)
- 그 군인은 <u>목숨</u>을 걸고 열심히 싸웠어요.
- 의사는 사람의 〔비〕 새 며 을 살리는 일을 해요.

(2)
- 옷을 만들려면 <u>천</u>이 필요해요.
- 이 〔비〕 ㅇ 감 으로 한복을 만들면 좋겠구나.

(3)
- 놀부는 돈이 <u>넉넉해서</u> 걱정이 없어요.
- 원님은 쌀이 〔비〕 추 부 해 서 백성들에게 나눠 주었어요.

(4)
- 한강이 꽁꽁 <u>얼어서</u> 그 위로 고양이가 걸어 다녀요.
- 고드름이 〔반〕 ㄴ 아 서 물이 뚝뚝 떨어져요.

(5)
- 김치가 무척 <u>짜서</u> 밥을 한 숟가락 더 떠먹었어요.
- 국물이 〔반〕 시 ㄱ 워 서 소금을 더 넣었어요.

6 무슨 뜻일까요?

✏️ **밑줄 친 낱말의 뜻을 찾아 번호를 쓰세요.**

(1) 토끼는 거북이를 <u>하찮게</u> 생각해서 낮잠을 잤어요. ( )

   ① 마음씨가 곱고 착하게.

   ② 눈에 거슬리고 귀찮게.

   ③ 중요하게 생각할 만하지 않게.

(2) 희원이는 친구에게 자신의 고민을 <u>죄다</u> 털어놓았어요. ( )

   ① 자기 스스로.

   ② 남김없이 모두.

   ③ 급하지 않고 느리게.

(3) 강현이가 방을 청소하는 모습이 <u>어설퍼</u> 보여요. ( )

   ① 꾀가 많고 눈치가 빨라.

   ② 빈틈이 없이 차분하고 조심스러워.

   ③ 거칠고 엉성해.

(4) 그 화가는 자연 풍경을 <u>세밀하게</u> 그렸어요. ( )

   ① 자세하고 꼼꼼하게.

   ② 원래 모습보다 더 간단하게.

   ③ 곱고 아름답게.

7 바꾸어 쓰기

 밑줄 친 부분을 한 낱말로 바꾸어 쓰세요.

(1) <u>용기가 있으며 기운차고 씩씩한</u> 사자는 동물의 왕이 되었어요.

(2) 도둑은 물건을 훔치고는 <u>동작이 매우 빠르게</u> 도망갔어요.

(3) 서인이는 연극에서 백설 공주 역할을 <u>책임지고 담당했어요</u>.

(4) 수진이는 <u>풀기 힘들 만큼 서로 마구 엉킨</u> 머리를 깔끔히 빗었어요.

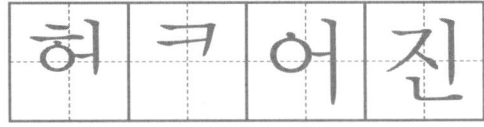

(5) 이사하면서 <u>볼만한 가치가 없을 정도로 하찮은</u> 물건들을 모두 버렸어요.

8 십자말풀이

 가로 열쇠와 세로 열쇠를 잘 읽고, 빈칸을 채우세요.

(1)				(6)
구			(5)	심
		(4)		
(2)	(3)	개		

가로 열쇠

(1) 축축한 물의 기운. 🔁 수분

(2) 공중에 떠 있는 물방울이 햇빛을 받아 나타나는, 일곱 색깔의 띠.

(4) 어떤 일이 이루어지기를 바라는 일.

(5) 하루 중에 해가 가장 높이 떠 있는 낮 동안. 또는 그동안에 밥으로 먹는 음식.

세로 열쇠

(1) 손으로 바닥을 짚고 발로 땅을 차서 거꾸로 서는 동작.

(3) 땅속에서의 여러 현상으로 땅이 흔들리며 움직이는 일.

(4) 잘 알려지지 않았거나, 모르는 사실을 잘 알도록 해 주는 설명. 🔁 안내

(5) 상점에서 돈을 받고 일하는 사람.

(6) 지나치게 무엇을 가지거나 즐기고 싶어 하는 마음.

제11과 자신 있게 읽고 써요(1)

제12과 자신 있게 읽고 써요(2)

1 수를 세는 말

 그림과 설명을 보고, 빈칸에 수를 세는 말을 알맞게 쓰세요.

(1)

시 한 [편]

* 시, 소설 등의 문학 작품을 세는 말.

(2)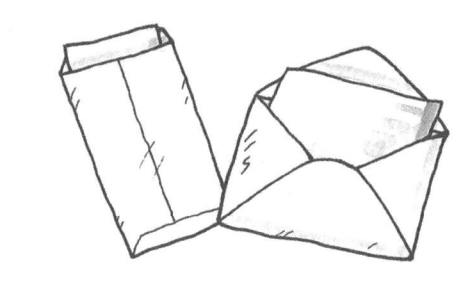

편지 두 [통]

* 편지나 전화 등을 세는 말.

(3)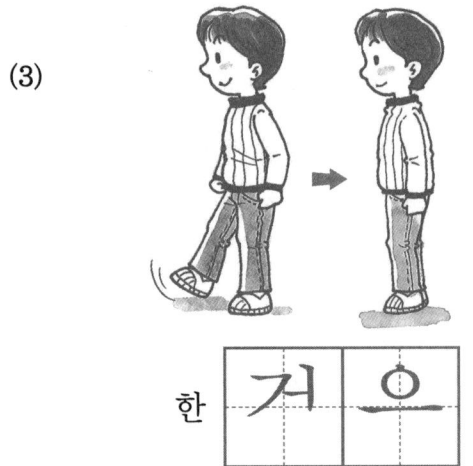

한 [걸음]

* 두 발을 번갈아 옮겨 놓는 횟수를 세는 말.

(4)

나무 두 [도막]

* 짧고 작게 잘라진 것을 세는 말.

2 끝말잇기

✏️ 다음 뜻을 보고 알맞은 낱말을 넣어 끝말잇기를 하세요.

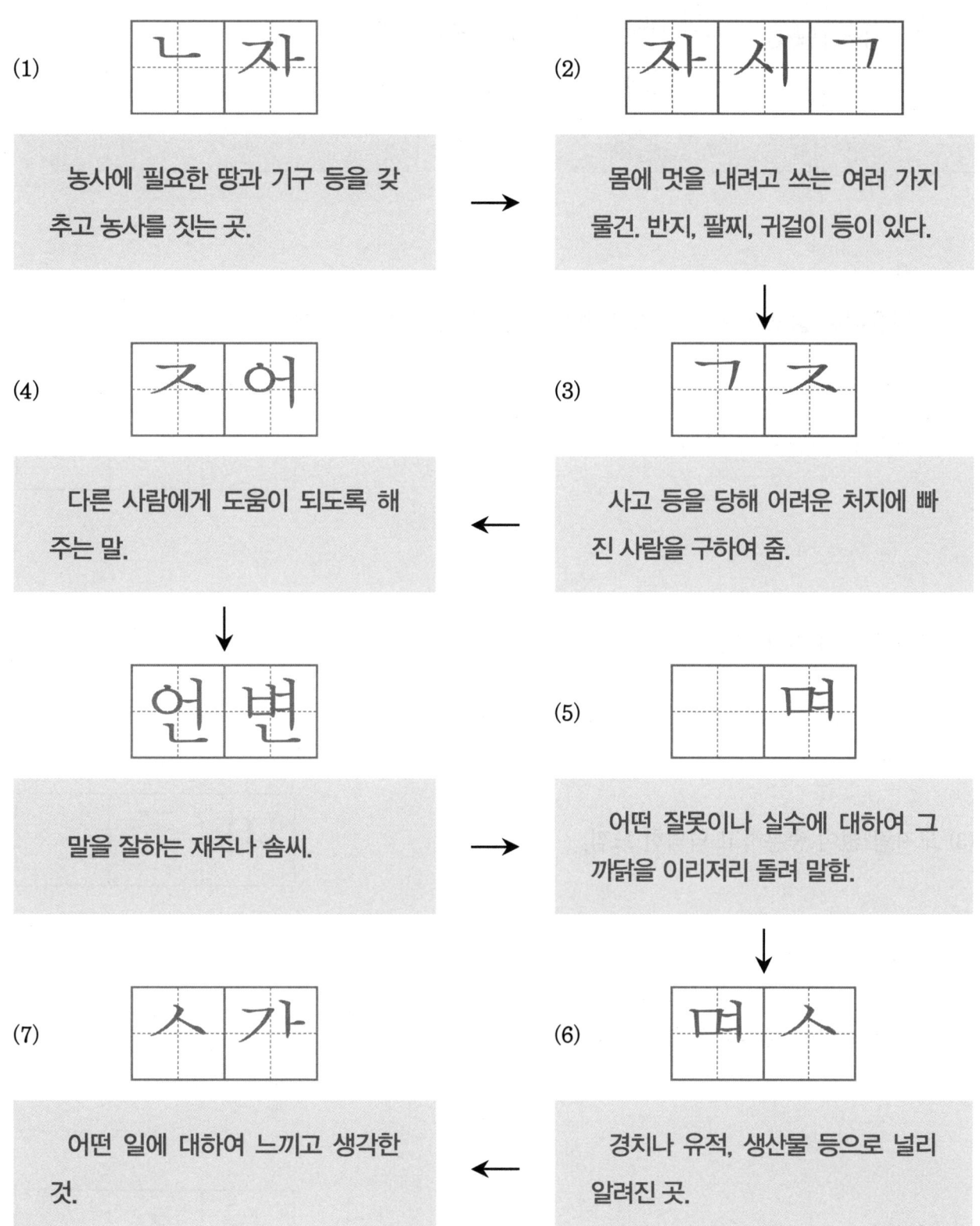

3 -감

-감(感) : 낱말 뒤에 붙어 '느낌'의 뜻을 더해 줍니다.
예 생동 + -감 → 생동감(생기 있게 살아 움직이는 듯한 느낌)

 뜻풀이를 읽고, 빈칸에 '-감'이 들어가는 낱말을 알맞게 쓰세요.

(1) 어떤 일을 해낼 수 있다는 느낌.

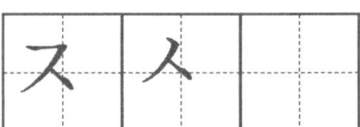

(2) 마음을 놓지 않고 정신을 바짝 차리는 느낌.

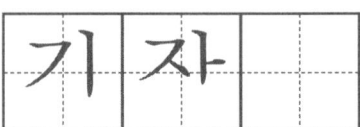

(3) 모자람 없이 충분하고 넉넉한 느낌.

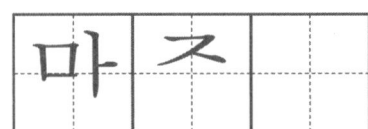

(4) 지내는 사이가 매우 친하고 가까운 느낌.

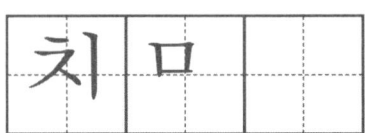

(5) 바라던 일을 이루었다는 느낌.

4 낱말 뜻풀이

✏️ **빈칸에 알맞은 말을 넣어서 밑줄 친 낱말의 뜻을 풀이하세요.**

(1) 서영이는 아버지께서 <u>근무하시는</u> 회사에 다녀왔어요.

* 근무하시는: 어떤 직업을 가지고 일 을 하시는.

(2) 시장에 나오니 여기저기에 <u>볼거리</u>가 많았어요.

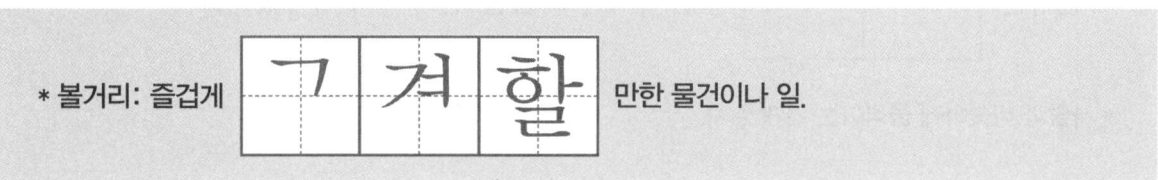
* 볼거리: 즐겁게 구경할 만한 물건이나 일.

(3) 자라는 토끼에게 자신의 <u>속내</u>를 들킬까 봐 불안했어요.

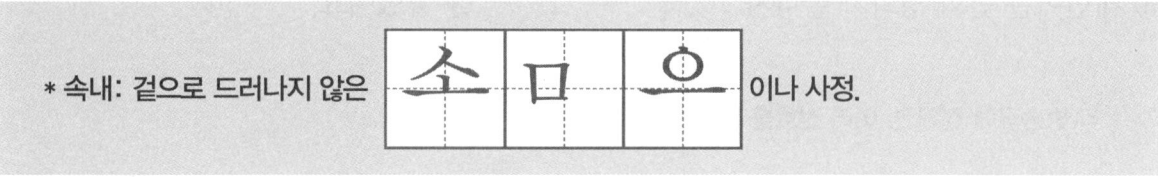
* 속내: 겉으로 드러나지 않은 속마음 이나 사정.

(4) 창밖을 보니 눈이 <u>휘몰아치고</u> 있어요.

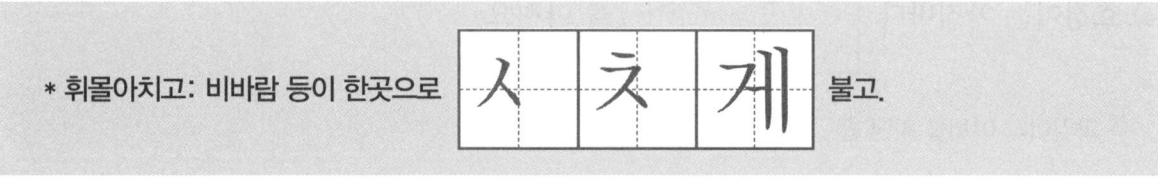
* 휘몰아치고: 비바람 등이 한곳으로 세차게 불고.

(5) 형수는 받아쓰기 문제를 전부 맞히려고 노력을 <u>기울였어요</u>.

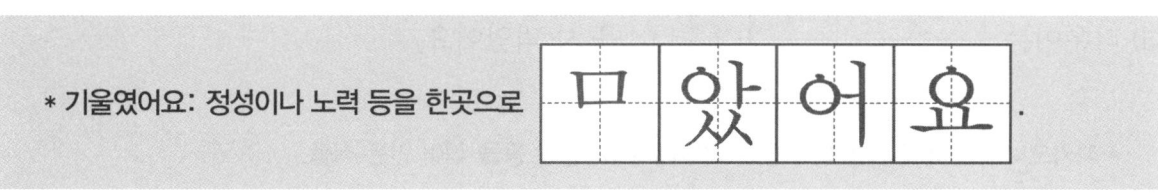
* 기울였어요: 정성이나 노력 등을 한곳으로 모았어요.

5 외국에서 들어와 쓰이는 말

 빈칸에 외국에서 들어와 쓰이는 말을 넣어 문장을 완성하세요.

(1) 경기가 끝나기 직전에 석원이가 | ㄱ | | 을 넣어 우리 반이 이겼어요.

　＊ 축구나 농구 등에서, 문이나 바구니에 공을 넣어 점수를 내는 일.

(2) 희진이는 | ㄹ | 보 | 이 움직이는 모습을 신기하게 쳐다봤어요.

　＊ 사람과 비슷하게 움직이는 기계 장치.

(3) 태민이는 만화 영화가 끝나자 | ㅊ | 널 | 을 돌렸어요.

　＊ 각 방송국에 정해진, 여러 신호를 보내는 통로.

(4) 효경이는 아침마다 | ㅈ | ㅅ | 를 마셔요.

　＊ 과일이나 야채를 짜낸 즙.

(5) 다운이는 | ㅊ | ㅋ | ㄹ | 을 사 먹었어요.

　＊ 카카오나무 열매의 씨를 볶아 만든 가루에 우유, 설탕 등을 섞어 만든 식품.

6 토박이말

✏️ '토박이말'은 우리말에 원래부터 있었거나 그것에 기초하여 새로 만들어진 낱말을 말합니다. 빈칸에 알맞은 토박이말을 찾아 쓰세요.

너나들이   그루잠   윤슬   모꼬지

---

(1) 재선이는 바닷가에 앉아서 ☐☐ 을 바라봤어요.

* 햇빛이나 달빛에 비치어 반짝이는 잔물결.

(2) 종수는 숙제를 다 끝내고 ☐☐ 를 갔어요.

* 놀이나 잔치와 같은 일로 여러 사람이 모이는 일.

(3) 지은이는 진희와 ☐☐ 로 지내며 맨날 같이 놀았어요.

* 서로 '너', '나' 하고 부르면서 사이좋게 지내는 사이.

(4) 현정이는 어젯밤에 화장실을 가느라 ☐☐ 을 잤어요.

* 깨었다가 다시 든 잠.

7 꾸며 주는 말

✏️ 빈칸에 꾸며 주는 말을 알맞게 넣어 문장을 자세히 표현하세요.

(1) 눈이 오면 아이들이 눈싸움하는 모습을 [흔ㅎ] 볼 수 있어요.

  * 보통보다 더 자주 일어나서 쉽게 보고 들을 수 있게.

(2) 토끼는 이리저리 뛰어 호랑이에게서 [가ㅅㅎ] 도망쳤어요.

  * 매우 힘들고 고생스럽게.

(3) 예빈이는 떡볶이를 먹다가 [ㄱ마] 옷에 국물을 흘렸어요.

  * 자신도 모르는 사이에.

(4) 아버지께서는 가족들과 다르게 [ㅇ도] 키가 크셨어요.

  * 여럿 가운데 자기 혼자서만 두드러지게.

(5) 잠잘 시간이 [거ㅇ] 다 되었으니 얼른 씻어라.

  * 어느 정도에 매우 가깝게.

8 바르게 쓰기

 밑줄 친 낱말을 바르게 고쳐 쓰세요.

(1) 교실 뒷편에 사물함이 있어요.

(2) 글씨를 제데로 써 봐.

(3) 준호는 달려오던 민수에게 부딛혀 넘어졌어요.

(4) 한별이가 종이에 구멍을 뚤어요.

(5) 나연이는 비가 갑자기 쏳아저서 놀랐어요.

(6) 동생이 머리를 흐뜨러트려요.

제 12 과 자신 있게 읽고 써요(2)

9 원고지 쓰기

 다음 문장을 괄호 안의 횟수만큼 띄워서 원고지에 옮겨 쓰세요.

(1) 서희는주말에영화세편을봤어요.(5)

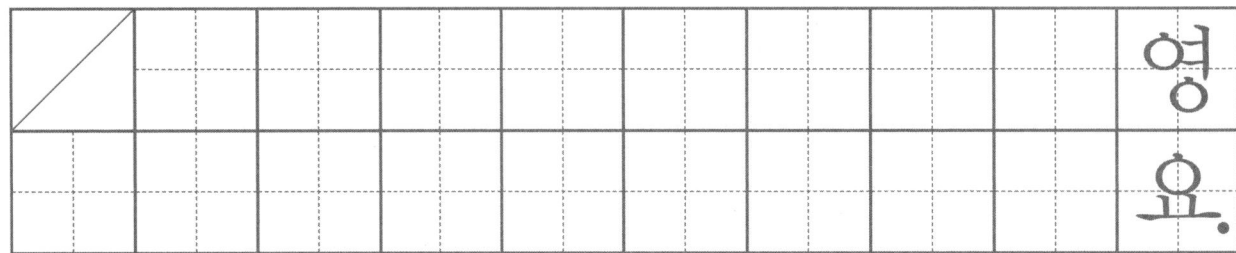

(2) 현식이는한손을든채질문을했어요.(6)

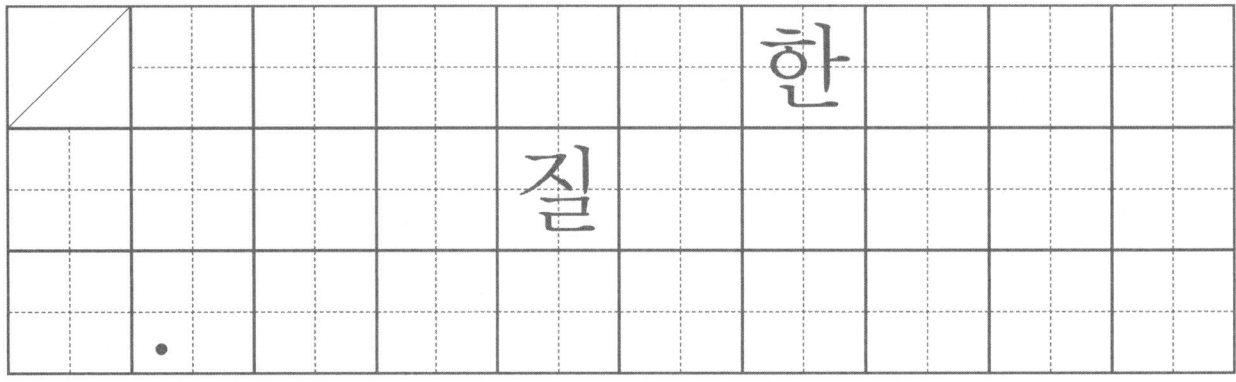

(3) 글을읽게될친구의마음을생각해야해.(6)

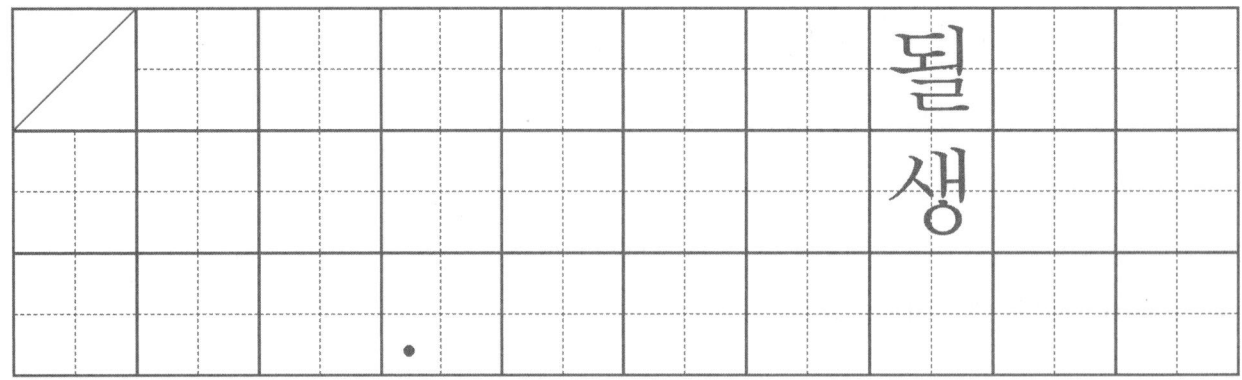

4차 개정판

어린이 **훈민정음**

기초 문법

띄어쓰기

발음

맞춤법

3-1

어린이 훈민정음 3-1
정답과 해설

본 교재는 어휘력 향상을 위해 만들었지만, 문장 하나하나도 학습에 도움이 되도록 정성을 기울였습니다. 그러므로 교재에 나오는 예시 문장을 자세히 살펴 문장 학습을 하는 데에 이용하시기 바랍니다.

본 교재는 어휘력은 물론, 맞춤법과 발음, 띄어쓰기, 기초 문법, 원고지 사용법 등을 함께 다루고 있습니다.

독서 읽은 책을 소개해요   5쪽

1. (1) 책등
   (2) 앞표지
   (3) 책머리
   (4) 뒤표지

> (4) '뒤표지'를 '뒷표지'라고 쓰지 않는다.
> 낱말과 낱말이 합쳐져 새 낱말이 이루어질 때 '사이시옷'이 붙기도 한다. 하지만 뒷말이 된소리(ㄲ,ㄸ,ㅃ,ㅆ,ㅉ)나 거센소리(ㅋ,ㅌ,ㅍ,ㅊ)로 시작할 때에는 '사이시옷'을 넣지 않는다.

2. (1) 소감
   (2) 비결
   (3) 검색대
   (4) 콧방귀
   (5) 가락지

3. (1) 오랜
   (2) 밥
   (3) 배
   (4) 정성
   (5) 옆

제1과 생생하게 표현해요(1)   8쪽

1. (1) 시각
   (2) 후각
   (3) 미각
   (4) 청각
   (5) 촉각

2. (1) 목소리
   (2) 말투
   (3) 속도
   (4) 표정
   (5) 몸짓

3. (1) 부웅부웅
   (2) 봉긋봉긋
   (3) 폴짝폴짝
   (4) 두근두근
   (5) 올망졸망
   (6) 빙글빙글
   (7) 쉬엄쉬엄
   (8) 사뿐사뿐
   (9) 상글방글

> (1) '부웅부웅'은 교과서에서 '붕붕'과 같은 뜻으로 쓰였다. 그래서 여기서도 '붕붕'의 뜻으로 다루었다.

4. (1) 꿀
   (2) 향기
   (3) 화분
   (4) 꽃다발
   (5) 꽃송이
   (6) 꽃봉오리

5. (1) 산속
   (2) 산적
   (3) 산울림
   (4) 산골짜기
   (5) 산꼭대기

6. (1) 급식
   (2) 차례
   (3) 나물
   (4) 톨
   (5) 식판

7. (1) 숲
   (2) 호수
   (3) 공원
   (4) 유적지
   (5) 편의점
   (6) 횡단보도

8. (1) 숙제
   (2) 마법
   (3) 열매
   (4) 조르고
   (5) 고요해요

제2과 생생하게 표현해요(2) 17쪽

1. (1) 행
   (2) 연
   (3) 시어
   (4) 낭송
   (5) 이

2. (1) 웃음꽃
   (2) 웃음기
   (3) 웃음바다
   (4) 웃음거리
   (5) 웃음보따리

3. (1) 발
   (2) 벌
   (3) 눈
   (4) 고장

4. (1) 햇살
   (2) 한나절
   (3) 돌림 노래
   (4) 조사
   (5) 소원
   (6) 난생처음
   (7) 한달음
   (8) 인내
   (9) 간절히
   (10) 부탁
   (11) 중심

> (2) 한나절: ① 하룻낮의 반.
> ② 하룻낮 전체.
> '한나절'은 이와 같이 두 뜻으로 쓰인다.

5. (1) [채글]
   (2) [나자요]
   (3) [까까]
   (4) [이써요]
   (5) [부어케서]
   (6) [무르피]

(7) [부어간]
(8) [처다이]
(9) [꼬뒤]
(10) [바뒤]
(11) [무르뷔]

6. (1) 쟤
   (2) 맡아
   (3) 얹어
   (4) 건넨
   (5) 돼요
   (6) 조심스레

> (1) '쟤'는 '저 아이'의 준말이다.
> (5) '돼요'는 '되어요'의 준말이다.

7. (1)

/	물	에		젖	으	면		사	라
질		테	니		조	심	하	렴	.

(2)

/	말	할		때	에	는		듣	는	∨
친	구	의		마	음	도		생	각	
해	야		돼	.						

(3)

/	성	은	이	는		울		듯
말		듯	한		표	정	으	로
나	를		바	라	보	았	어	.

> (1) '테니'는 '터이니'의 준말이다. 여기서 '터'는 '예정, 추측, 의지' 등을 뜻하는 말로, 앞말과 띄어 쓴다.

제3과 분명하고 유창하게(1) 26쪽

1. (1) 농부
   (2) 이발사
   (3) 우승자
   (4) 신혼부부
   (5) 천하장사

2. (1) 매주
   (2) 잠시
   (3) 금세
   (4) 기념일
   (5) 초여름

3. (1) 달리다, 먹다
   (2) 아름답다, 기쁘다
   (3) 동물이다, 반찬이다
   (4) 아프다, 흔들린다 등
   (5) 치과다, 병원이다 등
   (6) 무섭다, 두렵다, 끔찍하다 등
   (7) 감았다
   (8) 치료하셨다, 뽑으셨다 등

> 우리말에서 '서술어'는 주로 동사(움직임을 나타내는 말), 형용사(성질이나 상태를 나타내는 말), 서술격 조사(-이다)로 나타난다.
> (4) ~ (8)은 제시된 그림과 어울리는 낱말이면 모두 정답으로 처리한다.

4. (1) ① ∨
   (2) ① ∨
   (3) ① ∨, ③ ∨
   (4) ① ∨, ④ ∨
   (5) ① ∨, ③ ∨, ⑤ ∨, ⑥ ∨
   (6) ① ∨, ③ ∨, ⑥ ∨, ⑦ ∨

(7)

```
쉬는 시간이 ∨ 되었어요. ∨ 민지는 ∨ 화장실
에 가려고 ∨ 자리에서 벌떡 일어났어요. ∨
민지가 ∨ 화장실에 가다가 ∨ 주호의 발을 밟았어
요. ∨ 민지는 ∨ 사과도 못하고 ∨ 화장실로 달
려갔어요. ∨
민지는 ∨ 교실에 가서 ∨ 주호에게 사과했어요.
∨ 주호는 ∨ 괜찮다며 ∨ 민지의 어깨를 토닥거
렸어요.
```

띄어 읽기란 글 사이에 적용하는 것이므로, 글의 끝부분에는 띄어 읽기를 나타내지 않는다.

5. (1) 명절
   (2) 모내기
   (3) 풍습
   (4) 화채
   (5) 씨름

6. (1) 하필
   (2) 빙그레
   (3) 무조건
   (4) 저절로
   (5) 또박또박

7.

		⁽¹⁾출		
	⁽²⁾가	발		
⁽³⁾반	지		⁽⁶⁾텃	밭
창		⁽⁵⁾기	세	
⁽⁴⁾고	드	름		

제4과 분명하고 유창하게(2) 35쪽

1. (1) 예절
   (2) 진지한
   (3) 공평하게
   (4) 존중해야

2. (1) 사연
   (2) 조상
   (3) 수레
   (4) 피로
   (5) 마당
   (6) 지혜
   (7) 딴생각
   (8) 배려
   (9) 외출
   (10) 의상
   (11) 백야

3. (1) 안
   (2) 않았다
   (3) 안
   (4) 않았다
   (5) 안
   (6) 않는다
   (7) 안, 않았다

4. (1) 없앨
   (2) 오랜만
   (3) 단옷날
   (4) 빨갛다
   (5) 설레는
   (6) 곳이에요

(2) '오랜만'은 '오래간만'의 준말이다.
(3) 단오 + 날 → 단옷날
(6) '-이에요'의 준말은 '-예요'다.

5. (1) 달
   (2) 여유
   (3) 물
   (4) 노란
   (5) 입술

6. (1) 치즈
   (2) 쿵후
   (3) 훌라
   (4) 치킨
   (5) ① 헤어, ② 살롱

> 보통, 외래어는 '외국에서 들어온 말 가운데 바꾸어 쓸 우리말이 없어서 그대로 쓰이는 말'이라 한다. 반대로, 외국어는 '외국에서 들어온 말 가운데 바꾸어 쓸 말이 있어 국어로 자리 잡지 못한 말'이라는 뜻으로 쓰인다.
> 이 문제에서는 외래어와 외국어를 함께 다루어 '외국에서 들어와 쓰이는 말'이라고 표현하였다.

7. (1)

| " | 승 | 재 | 야 | , | | 오 | 늘 | | 우 |
| 리 | | 집 | 에 | | 갈 | 래 | ? | " | |

(2)

| | ' | 갈 | 까 | , | | 말 | 까 | ? | ' |
| 하 | 고 | | 생 | 각 | 했 | 어 | 요 | . | |

(3)

| | 글 | 쓴 | 이 | 는 | | | ' | 배 | 려 |
| 를 | | 주 | 제 | 로 | | 삼 | 았 | 어 | 요 | . |

> 문장 앞에 오는 따옴표는 칸의 오른쪽 위에, 뒤에 오는 따옴표는 왼쪽 위에 쓴다.

8. (1)

| | 애 | 들 | 은 | | 그 | 동 | 안 | | 저 |
| 를 | | 도 | 와 | 준 | | 친 | 구 | 예 | 요 | . |

(2)

	빵	을		생	각	할		때	마
다		입	안	에		침	이		잔
뜩		고	여	요	.				

(3)

	다	른		사	람	이		잘	
알	아	들	을		수		있	도	록
자	신		있	게		말	해	요	.

> (1) '그동안', '도와준', (2) '입안', (3) '알아들을'은 한 낱말이므로 붙여 적는다.

제5과 짜임새 있는 글, 재미와 감동이 있는 글(1) 44쪽

1. (1) 야구
   (2) 농구
   (3) 피구
   (4) 탁구

2. (1) 단어
   (2) 생각
   (3) 칸
   (4) 줄
   (5) 중심

3. (1) 녹
   (2) 푼
   (3) 알뜰
   (4) 범벅
   (5) 딴청
   (6) 방과
   (7) 택배
   (8) 전통
   (9) 팻말

⑩ 현수막
⑪ 판매대

4. (1) 소고기
   (2) 짜장면
   (3) 맨날
   (4) 날개
   (5) 귀걸이

5. (1) [노코]
   (2) [너치]
   (3) [여칼]
   (4) [마텽]
   (5) [마쳐]

6. (1) 전시회
   (2) 토론회
   (3) 발표회
   (4) 동창회
   (5) 동호회

7. (1) 겁
   (2) 모습
   (3) 잔뜩
   (4) 가난한
   (5) 신기한

8. (1) 손뼉
   (2) 페트병
   (3) 북적여
   (4) 더듬이
   (5) 상쾌해요
   (6) 휘둥그레진

(2) 페트병(PET병): 음료를 담는 일회용병.
(3) 북적여: 많은 사람이 한곳에 모여 매우 어지럽게 움직여.

제6과 짜임새 있는 글, 재미와 감동이 있는 글(2) 53쪽

1. (1) — 골무
   (2) — 바늘
   (3) — 인두
   (4) — 실패
   (5) — 가위

2. (1) 직업
   (2) 취직
   (3) 출근
   (4) 휴업
   (5) 일자리

3. (1) 볼링
   (2) 센터
   (3) 사이즈
   (4) 선글라스
   (5) 플라스틱

4. (1) 콧수염
   (2) 고깃국
   (3) 이삿짐
   (4) 수돗물

5. (1) 눈웃음
   (2) 비웃음
   (3) 헛웃음
   (4) 쓴웃음
   (5) 함박웃음

6. (1) 무료
   (2) 자연
   (3) 분실물
   (4) 익숙한
   (5) 불쾌해요

7. (1) 마치
   (2) 곧장
   (3) 널리
   (4) 이리저리
   (5) 꼬깃꼬깃

8. (1) 내밀고
   (2) 진열해요
   (3) 웅크리고
   (4) 실룩거리며
   (5) 훑어보고

9. (1)

	오	늘		밤	에		눈	이
내	리	면		좋	을		텐	데.

(2)

	은	별	이	는		새		모	자
를		받	자	마	자		바	로	
써		보	았	습	니	다.			

(3)

	한		번	만		더		거	짓
말	하	면		이	제		장	난	감
을		안		사		줄		거	야.

매체 서로 배려하며 소통해요 62쪽

1. (1) 신문
   (2) 라디오
   (3) 전화
   (4) 컴퓨터
   (5) 텔레비전

2. (1) 피자
   (2) 초밥
   (3) 딤섬
   (4) 샌드위치

> (3) '딤섬(點心)'은 우리말로는 '점심'으로, 주로 중국 남부 지역에서, '점심 전후로 간단하게 먹는 음식'을 이르는 말이다. 하지만 교과서에서 만두와 비슷한 방식으로 만든 중국 음식으로 쓰여 여기서도 그와 같은 뜻으로 다루었다.

3. (1) 권리
   (2) 허락
   (3) 수정
   (4) 자료
   (5) 출처

4. (1) 참고
   (2) 활용
   (3) 게시판
   (4) 댓글
   (5) 출판사

제7과 중요한 내용을 찾아요(1) 66쪽

1. (1) 식목
   (2) 어버이
   (3) 스승
   (4) 현충

2. (1) 삐죽
   (2) 갸웃
   (3) 홱
   (4) 문득
   (5) 포슬포슬

3. (1) 주의
   (2) 인식

(3) 소탕
(4) 제정
(5) 자막
(6) 메주
(7) 진
(8) 골짜기
(9) 미생물

4. (1) 소금
   (2) 설탕
   (3) 식초
   (4) 참기름
   (5) 간장
   (6) 고추장

5. (1) 중개
   (2) 중계
   (3) 매고
   (4) 메고
   (5) 찢어
   (6) 쩧어

6. (1) 동무
   (2) 승차
   (3) 골
   (4) 참혹한
   (5) 이로운

7. (1) 볏짚
   (2) 자줏빛
   (3) 수북이
   (4) 뙤약볕
   (5) 수수께끼
   (6) 된장찌개

8.

(1)고	(2)장			(7)납
	신		(6)가	치
(3)식	구		랑	
용		(5)노	비	
(4)유	적	지		

제8과 중요한 내용을 찾아요(2)   75쪽

1. (1) 호미
   (2) 마루
   (3) 이슬
   (4) 두더지

2. (1) ②
   (2) ①
   (3) ③
   (4) ③

문제의 오답 풀이

(1) ① 어린나무
(3) ① 방해했어요, ② 갈무리했어요
(4) ① 흐물흐물해요, ② 반들반들해요

3. (1) 휴식처
   (2) 한껏
   (3) 적당히
   (4) 고유한
   (5) 아늑한

4. (1) 장마
   (2) 메모
   (3) 장독
   (4) 무역

(5) 서원
(6) 수액
(7) 또래
(8) 동북아
(9) 천적
(10) 터전
(11) 보금자리

(9) '동북아'는 '동북아시아'의 준말이다. 표준국어대사전에는 없지만 교과서에 실려 문제로 다루었다.

5. (1) ②
   (2) ①
   (3) ①
   (4) ②
   (5) ③
   (6) ②
   (7) ①
   (8) ①
   (9) ②
   (10) ②
   (11) ③
   (12) ①
   (13) ①
   (14) ③
   (15) ②

6. (1) 자리
   (2) 하나
   (3) 행사
   (4) 도움
   (5) 요구하다

7. (1)
/	물	건	이		잘		안		팔
려		걱	정	이	에	요	.		

(2)
/	외	출		후		돌	아	와	
가	장		먼	저		해	야		할 ∨
일	은		손		씻	기	예	요	.

(3)
/	제		새		자	전	거	가	
생	긴		건		한		달	도	
더		전	이	에	요	.			

제9과 인물에게 마음을 전해요(1) 84쪽

1. (1) 밤
   (2) 땅콩
   (3) 호두
   (4) 도토리
   (5) 잣

2. (1) 종종
   (2) 이만
   (3) 갓
   (4) 대강
   (5) 왠지

3. (1) 끈기
   (2) 운명
   (3) 사과
   (4) 훈련
   (5) 세월
   (6) 무작정
   (7) 들것
   (8) 마취
   (9) 흑백
   (10) 기념
   (11) 식혜

4. (1) 셔츠
   (2) 체스
   (3) 스콘
   (4) 리코더

> (3) '스콘(scone)'은 표준국어대사전에는 실리지 않았지만 교과서에 실려 문제로 다루었다.

5. (1) 개인
   (2) 여러
   (3) 낱말
   (4) 짐작할
   (5) 변화

6. (1) 유쾌해요
   (2) 다정해요
   (3) 침착해요
   (4) 소심해요
   (5) 엄격하세요

7. (1) 절망
   (2) 입원
   (3) 풀어
   (4) 채우고
   (5) 튼튼해서

8. (1) 웬일
   (2) 껍데기
   (3) 곰곰이
   (4) 옮겼어요
   (5) 줄게
   (6) 덧붙여

제10과 인물에게 마음을 전해요(2) 93쪽

1. (1) 굴뚝
   (2) 둥지
   (3) 봉우리
   (4) 표지판

2. (1) ②
   (2) ①
   (3) ①
   (4) ②
   (5) ②
   (6) ③
   (7) ①

3. (1) 연세
   (2) 저
   (3) 모시고
   (4) 저희
   (5) 선생님께서
   (6) 어머니께
   (7) 사랑합니다(사랑해요)
   (8) 오시니(오세요)
   (9) 어머니는 청소를 하시면서 노래를 부르셨습니다.
   (10) 선생님, 가르쳐 주셔서 고맙습니다(고마워요).
   (11) 할아버지, 진지 잡수세요(드세요).
   (12) 할머니, 여쭈어볼(여쭐) 것이 있습니다.
   (13) 부모님께 카네이션을 달아 드릴 거야.
   (14) 선생님께서 너 오라고 하셨어.

4. (1) 할머니께
   (2) 제가
   (3) 생신
   (4) 뵙고
   (5) 상우 올림(드림)

> (5) 끝인사까지 편지를 다 쓴 뒤에는 쓴 날짜와 쓴 사람을 적는다. 이때, 편지를 받는 사람이 자신보다 나이나 계급이 높다면 이름 뒤에 '올림', '드림' 등을 쓴다.

5. (1) 따서
   (2) 짜서
   (3) 널고
   (4) 쌓으며
   (5) 꽂고

6. (1) 겨울
   (2) 자르는
   (3) 노력한
   (4) 사고
   (5) 스스로

7. (1)
| / | 날 | 마 | 다 | | 달 | 리 | 기 | 를 |
| 할 | | 수 | 는 | | 없 | 었 | 어 | 요 | . |

(2)
/	땅	속	에		보	물	이		묻
혀		있	다	고		열		번	씩
이	나		말	했	어	요	.

(3)
/	지	난	가	을	에		만	난
적		있	다	는		그		말	을	∨
믿	지		않	았	어	요	.

(1) '수', (2) '번', (3) '적' 같은 말을 의존 명사라고 한다. 의존 명사도 한 낱말이므로 앞말과 띄어 쓴다.
(2) '땅속', (3) '지난가을'은 한 낱말이므로 붙여 쓴다.

제11과 자신 있게 읽고 써요(1) 102쪽

1. (1) 홍학
   (2) 달팽이
   (3) 딱따구리
   (4) 반딧불이

(4) '반딧불이'는 흔히 '반딧불', '개똥벌레'라고도 불린다.

2. (1) 쪼르르
   (2) 지그시
   (3) 쭈뼛쭈뼛
   (4) 주섬주섬

3. (1) 독자
   (2) 유지
   (3) 고민
   (4) 예상
   (5) 존재
   (6) 협동
   (7) 임시
   (8) 상담
   (9) 결심
   (10) 소화
   (11) 감격

4. (1) ①
   (2) ①
   (3) ①
   (4) 이야기
   (5) 요사이
   (6) 돼
   (7) 돼라
   (8) 됐다
   (9) 돼서, 되지

5. (1) 생명
   (2) 옷감
   (3) 충분해서
   (4) 녹아서
   (5) 싱거워서

6. (1) ③
   (2) ②
   (3) ③
   (4) ①

> 문제의 오답 풀이
> (2) ③ 천천히
> (3) ① 약아, ② 꼼꼼해
> (4) ③ 화려하게

7. (1) 용감한
   (2) 잽싸게
   (3) 맡았어요
   (4) 헝클어진
   (5) 보잘것없는

8.

(1)물	기			(6)욕
구			(5)점	심
나		(4)소	원	
(2)무	(3)지	개		
	진			

(5) 변명
(6) 명소
(7) 소감

3. (1) 자신감
   (2) 긴장감
   (3) 만족감
   (4) 친밀감
   (5) 성취감

4. (1) 일
   (2) 구경할
   (3) 속마음
   (4) 세차게
   (5) 모았어요

5. (1) 골
   (2) 로봇
   (3) 채널
   (4) 주스
   (5) 초콜릿

6. (1) 윤슬
   (2) 모꼬지
   (3) 너나들이
   (4) 그루잠

제12과 자신 있게 읽고 써요(2) 112쪽

1. (1) 편
   (2) 통
   (3) 걸음
   (4) 동강

2. (1) 농장
   (2) 장신구
   (3) 구조
   (4) 조언

7. (1) 흔히
   (2) 간신히
   (3) 그만
   (4) 유독
   (5) 거의

8. (1) 뒤편
   (2) 제대로
   (3) 부딪혀
   (4) 뚫어요
   (5) 쏟아져서

(6) 흐트러뜨려요(흐트러트려요)

(1) '뒤편'을 '뒷편'이라고 쓰지 않는다.
낱말과 낱말이 합쳐져 새 낱말이 이루어질 때 '사이시옷'을 넣기도 한다. 하지만 뒷말이 된소리나 거센소리로 시작할 때에는 사이시옷을 넣지 않는다.

9. (1)

/	서	희	는		주	말	에		영
화		세		편	을		봤	어	요.

(2)

/	현	식	이	는		한		손	을	∨
든		채		질	문	을		했	어	
요	.									

(3)

/	글	을		읽	게		될		친
구	의		마	음	을		생	각	해
야		해	.						

(2) 채: 있는 상태 그대로 있다는 뜻을 나타내는 말. 앞말과 띄어 쓴다.